高昌禮書法展作品集

歷代名人贊曾子

曾憲梓

目録

曾子名參字子興春秋末年魯國南武城人今山東嘉祥縣生於公元前五零五年卒於公元前四三五年曾子出身於没落貴族家庭自幼跟隨父親讀書年齡稍長就參加生産勞動打柴耕地駕車十七歲拜孔子為師他勤學好問對孔子學説領會貫通在三千弟子中獨得其宗把孔子思想的核心高度概括為忠恕講學授徒是曾子一生從事的主要事業他從二十三四歲就開始在家鄉南武城設教講學後又到武城及越卫等國講學培養出了子思樂正子春公明儀等一批有成就的弟子在儒家傳承系統中曾子是承上啓下的重要人物他把孔子思想傳給弟子孔子之孫子思

歷代名人贊曾子

子思又傳授孟子曾子是繼孔子之後著名的教育家和思想家曾子著作頗豐為孔子三千弟子之最據傳他名下的著作主要有四種一是論語据專家考證論語最先是由曾子主持他的弟子最後編輯成書的二是曾子漢書藝文志記有曾子十八篇並注明名參孔子弟子三是孝經史記仲尼弟子列傳説曾子孔子以為能通孝道故授之業作孝經四是大學朱熹認為大學經一章蓋孔子之言而曾子述之其傳十章則曾子之意而門人記之也曾子以其高尚的人格和對儒學的重大貢獻受到歷代人們的推崇曾子在世的時候就以孔子的好弟子而聞名從戰國時代起曾子就

歷代名人贊曾子

以孝子賢人的典型受到人們的讚揚不僅論語孟子荀子等儒家著作有其厚重的記載而且庄子韓非子呂氏春秋等道家法家雜家的著作也一再提到曾子其人漢代之後提到曾子的書籍更是不計其數歷代帝王和官府對曾子也多有推崇唐高宗贈曾子太子少保唐睿宗贈太子太保唐玄宗贈郕伯宋真宗封瑕丘侯宋徽宗改封武城侯宋度宗封郕國公并升入孔廟大成殿配享孔子元文宗加封郕國宗聖公明世宗改稱宗聖曾子從明嘉靖二年公元一五三九年起授其嫡裔世襲翰林院五經博士并在嘉祥縣城內建翰博府

曾子簡介 沈效敏撰 駢承惠富 丙戌仲秋 書於曾子故里 高昌禮

傳心貫一

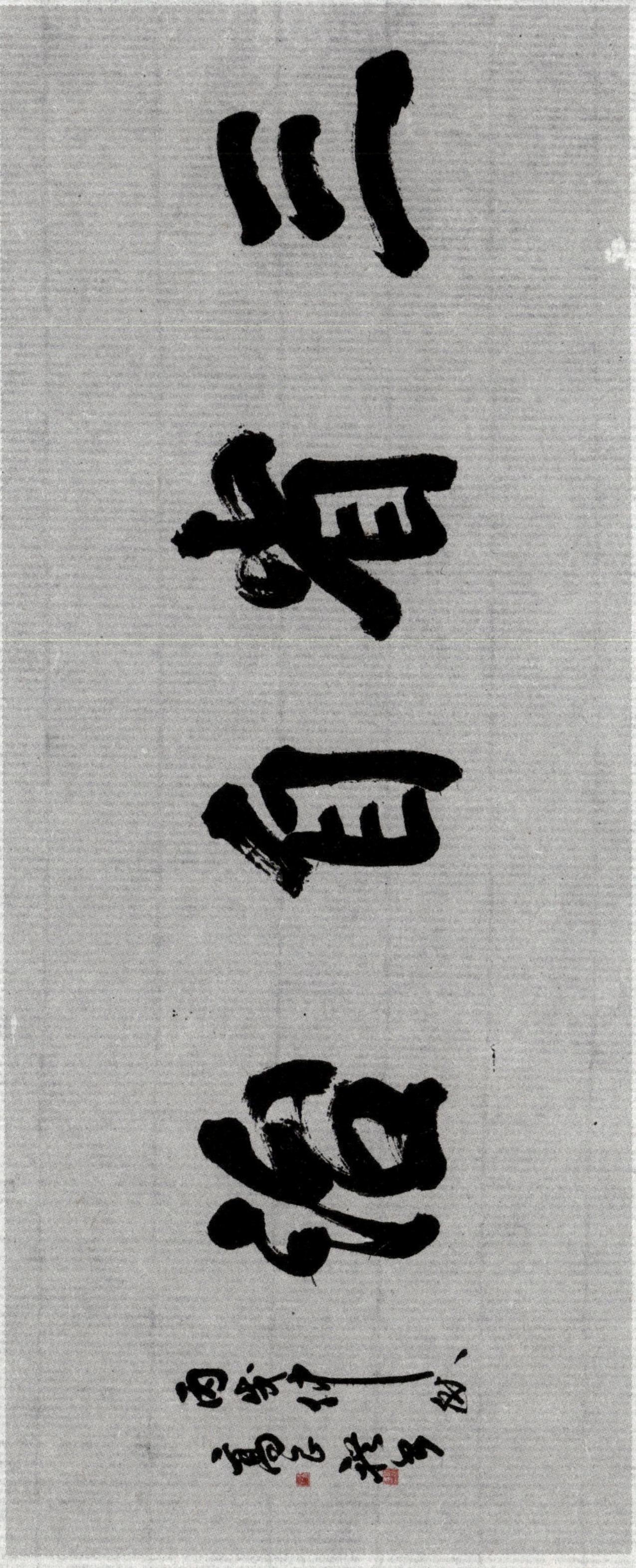

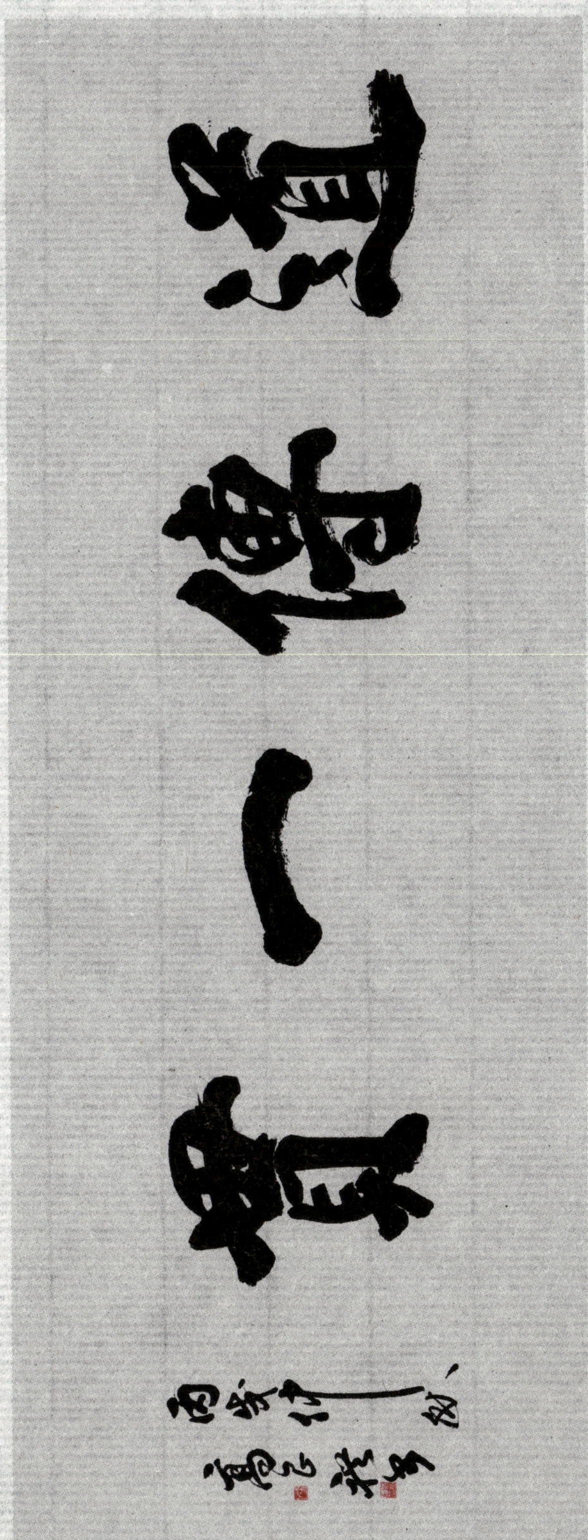

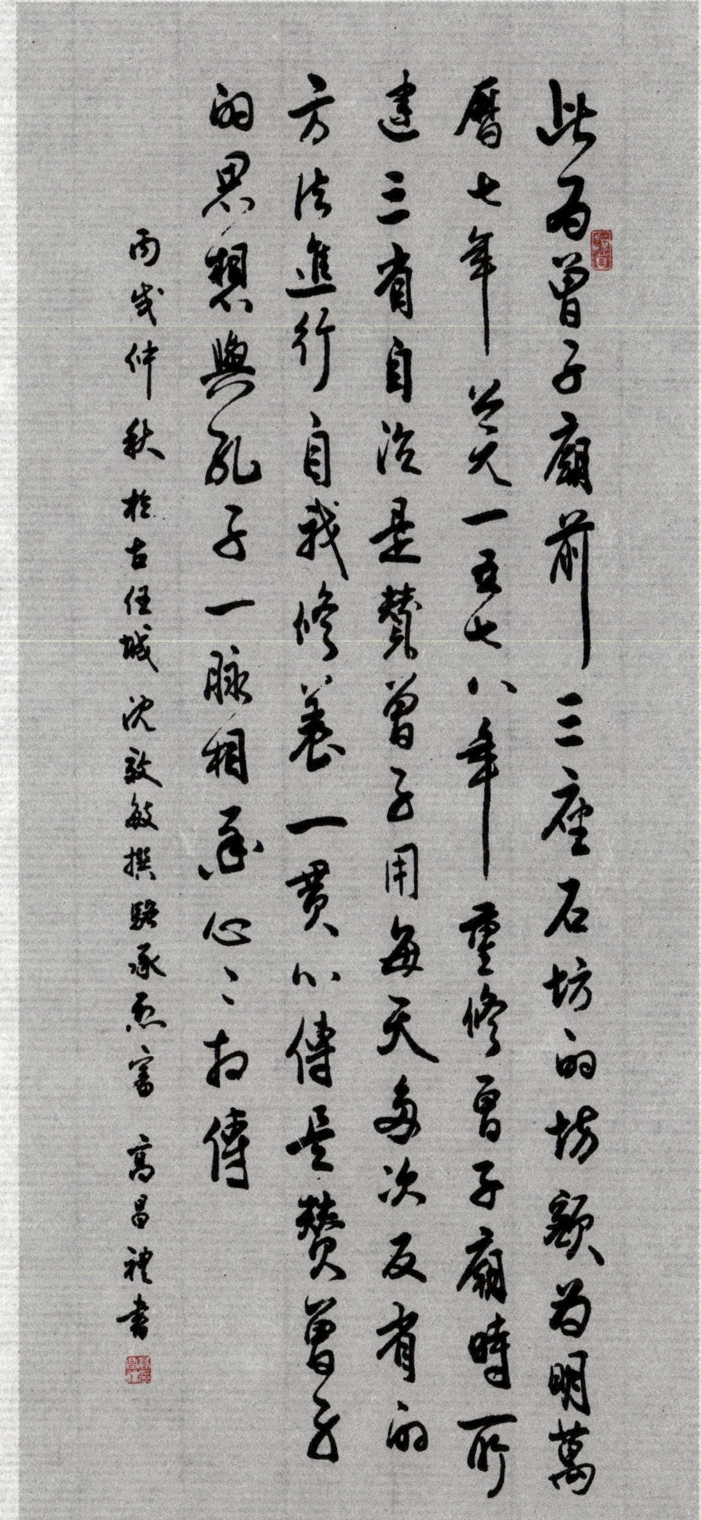
此為曾子廟前三座石坊的坊額為明萬
曆七年（一五七八年）重修曾子廟時所
建三省自治是贊曾子用每天多次反省的
方法進行自我修養一貫以傳是贊曾子
的思想與孔子一脈相承心心相傳
丙戌仲秋於古任城沈致叙撰駱承烈審 高昌禮書

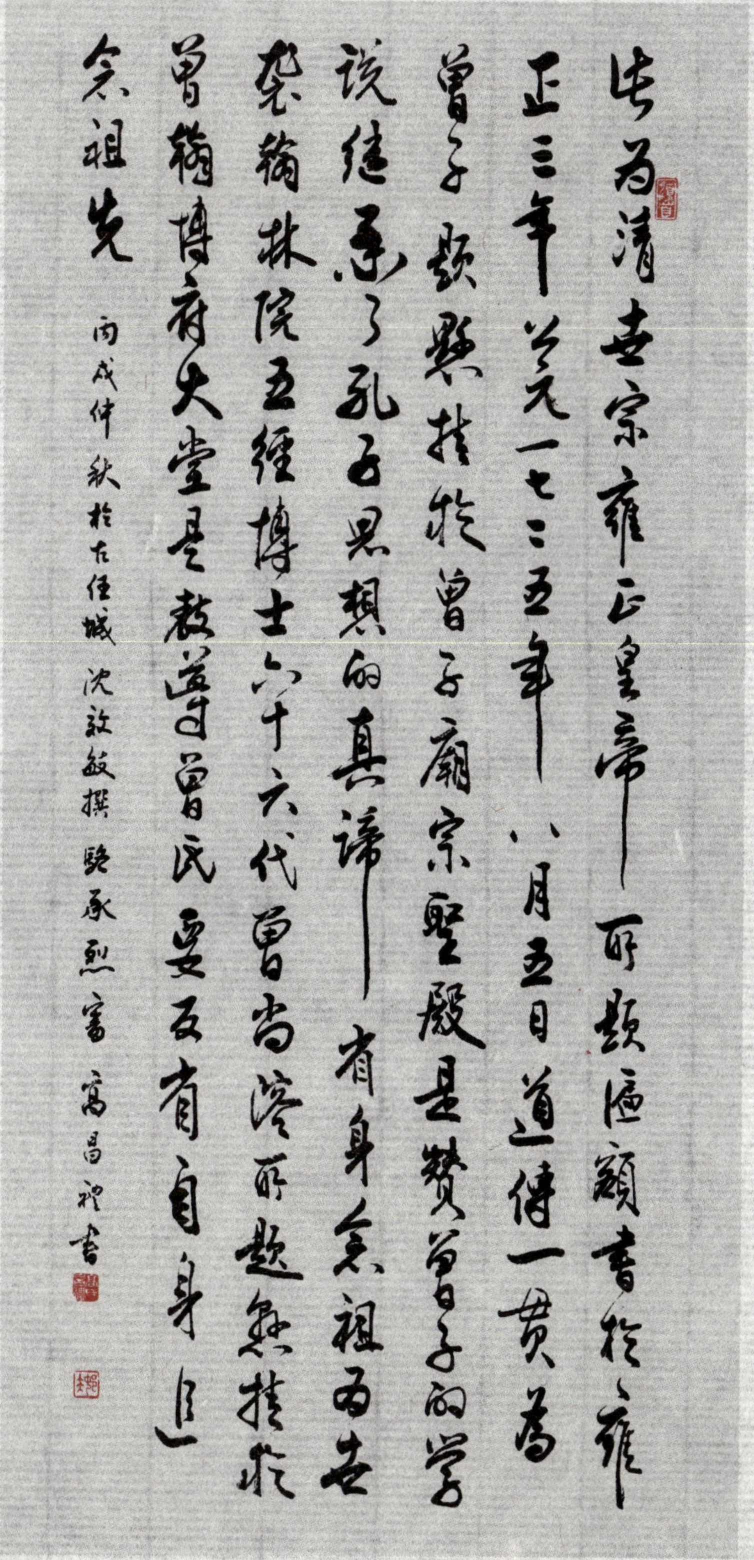
此為清世宗雍正皇帝所題匾額書於雍
正三年公元一七二五年八月五日道傳一貫為
曾子題匾額掛於曾子廟宗聖殿是贊曾子的學
說繼承了孔子思想的真諦 省身念祖而世
襲翰林院五經博士六十六代曾尚濬所題匾額掛於
曾府大堂是教導曾氏要反省自身且
念祖先
丙戌仲秋於古任城 沈致毅撰 駱承烈審 高昌禮書

歷代名人贊曾子

省身念祖

歷代名人贊曾子

述格致誠正修齊治平之傳萬世咸承闕訓

為大學之格物致知誠意正心修身齊家治國平天下的理義作解釋萬代都順奉之生發揮出德行言語政事

超德行言語政事文學而外一人獨得其宗

文學諸科是孔子四科弟子之分僅此一人卓獨得孔子思想的真傳

丙戌仲秋書曾子廟戟門對聯　高昌[illegible]

擴宏毅之襟期積久能通直拔羣賢而入聖

增强堅定實現仁的抱負長期積聚達到貫通的境界經直超出羣賢而步為聖人具有全部所見

具見知之學識迎機立化允師萬代以稱宗

所見的學識秉承天纖集能為化民衆的能力適應萬代政治而作為宗師

丙戌仲秋書曾廟大殿對聯　高昌[illegible]

德行言語政事文學一身備聖教四科文兼勛
業崇高李郭范韓誰與比

丙戌仲秋書曾子故里正陽樓

臣際遇舜夔稷契祇如斯
令妻悌弟孝子順孫六秩占人間全福更羡君

曾子廟宗聖殿外兩側聯 高景新

德行言語政事文學為孔子施教而四科集一身又兼首
崇高而功勛業績李靖郭子儀范仲淹韓琦誰能與
比令妻悌弟孝子順孫人間全福冀一生更羡慕羡臣而知
遇一冥係舜陶夔后稷契使能做到一這樣

此款敘撰釋聯語於至富高□□

歷代名人贊曾子

執中精允列聖淵源約言之統於一貫故

從往者法紹唐虞

嘉祥宗聖廟宗聖殿內明柱聯

止善明德諸賢授受廣推之衍作十章則

開來者道傳思孟

於丙戌仲秋曾子故里山陽樓主高昌書

堅持中正之道精研誠實得其源於列位先聖的十〻字心傳繼續概括為一脈相承的系統用以追溯過去法度繼承於唐堯虞舜達到最好境界弘揚光明只須把授受於諸位先賢的大學之宗旨擴充推衍為十章那麼廣開後來學說傳給了子思孟子

沈致敏撰釋對聯孫承亞書 高云程

夫子十哲之外曾參等六十七人同升孔門
博習儒術子之四教爾實行之親授孝
式揚大義是稱達者不其盛歟

唐玄宗贈曾子郕伯詔

惟孔子獨稱顏回好學回非三千之徒所同
也而其學不傳得聖傳者曾子曾子傳子思
子思傳孟軻忠恕兩語深契一貫之

歷代名人贊曾子

旨中庸一書丕闡前世之蘊而孔子之道
益著向非顏曾思孟相繼衍繹著書
垂訓中更管商揚墨佛老幾何其

不遂泯哉今大成惟顏孟侑食曾思不與爲
缺典先皇帝述道統之傳自伏羲以來著
十三贊孔子而下顏曾思孟昭然具在非

以遺我後人乎可令禮官學官議可升曾思配享

宋度宗升曾子子思配享孔子詔

朕維孔子之道曾氏獨得其宗蓋本於誠身而已也觀其始乎三省之功卒聞一貫之妙至以友於顏淵而無愧授之思孟而不湮者與朕仰慕休風景行先哲爰因舊彝崇以新躋于戴聖神繼天立極以來道統之傳者矣國家化民成俗之效大學之書具焉其有乎之修齊平式彰於褒顯可加封郕國宗聖公

元文宗加封曾子郕國宗聖公制

第二張第二列聖傳者曾子曾子后為丙字第七張第二列以來道傳者為道統

度宗元皇帝封曾子詔制 丙戌仲秋於曾子故里高昌禮書

猿少後之書
長行之足吾典
能仰往來以依循
而自昔以來奉命
至於三代傳子雲陀
極至之色飛白經
仰前賢徑之沉淵
洞源於河水歸
其歸于主集大學
篇章體勢若浩年
之文春經四季異
筆氏出代之樣者
乎飛於日三慨定
獨也 傳之撰

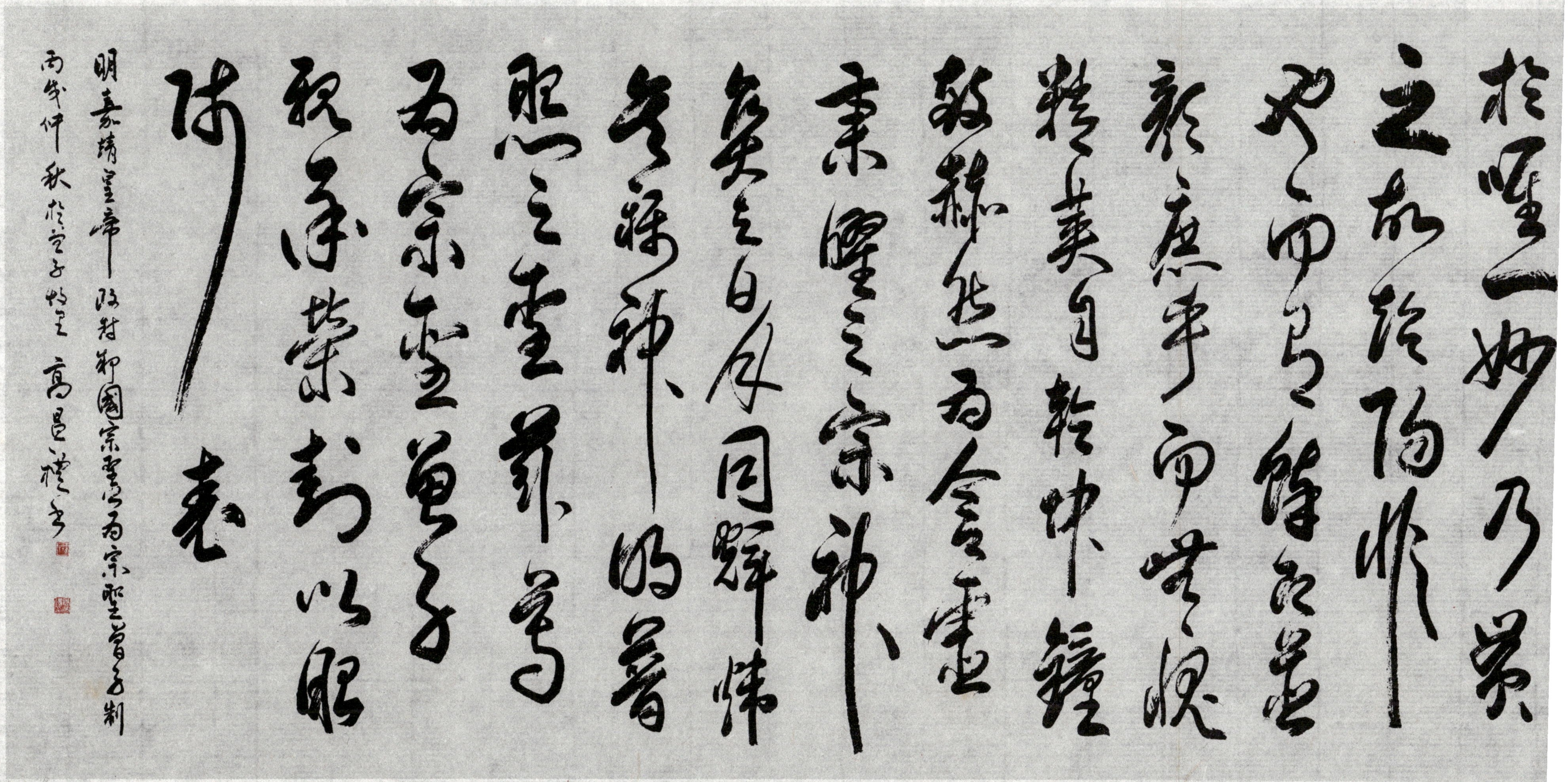
明嘉靖皇帝改封郕國宗聖公為宗聖曾子制

歷代名人贊曾子

夫子之道，用訓群生，以綱目以通其神。明明曾子，傳述斯旨，
曰孝經事親之實，民為儀型。宋高宗御制曾參像贊
守約施博，及於三省。孝為德先，祿仕匪思，道源正傳，之
會神。終之聖忠，然以人得者。宋理宗頌道統贊
參乎以傳忠恕，一以貫之，爰述大學，萬世訓
彝。直哉鳴篤寧，川無疆，寧由之
吾是守是言。元成宗頒降加封郕國宗聖贊
親以親悅，以安孝思。敏自其業，每為孝者，當時
猶履以及三釜，媛親志自怡，千鐘不及優
心悲哉。心為大年歸，日履薄臨深謹自持。明成祖御制宗聖贊志詩
傳此之傳魚以漸之，一貫自唯
聖學在茲，明德新民，止善為務，格至誠正
均平以擴，至德要道，百行所先。篡承統緒
修明訓辭。清康熙御制宗聖曾子贊 宣聖嫡統，緒接
與顏氏三省，行接孔人，贊曾子
於發堅乎依歸，聖師不敢，以為得之

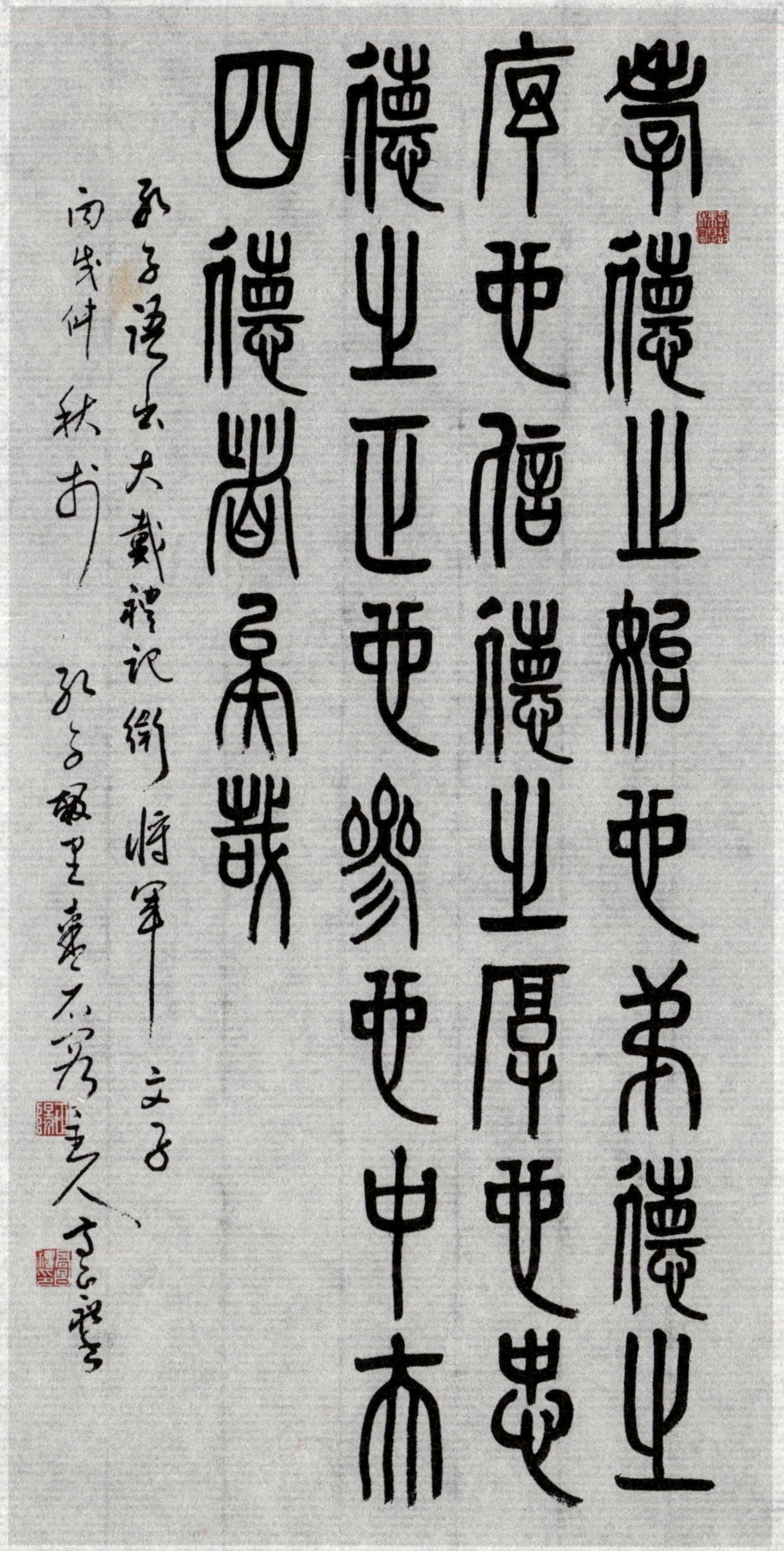
孝德之始也弟
德之序也信德
之厚也忠德之
正也參也中夫
四德者矣哉

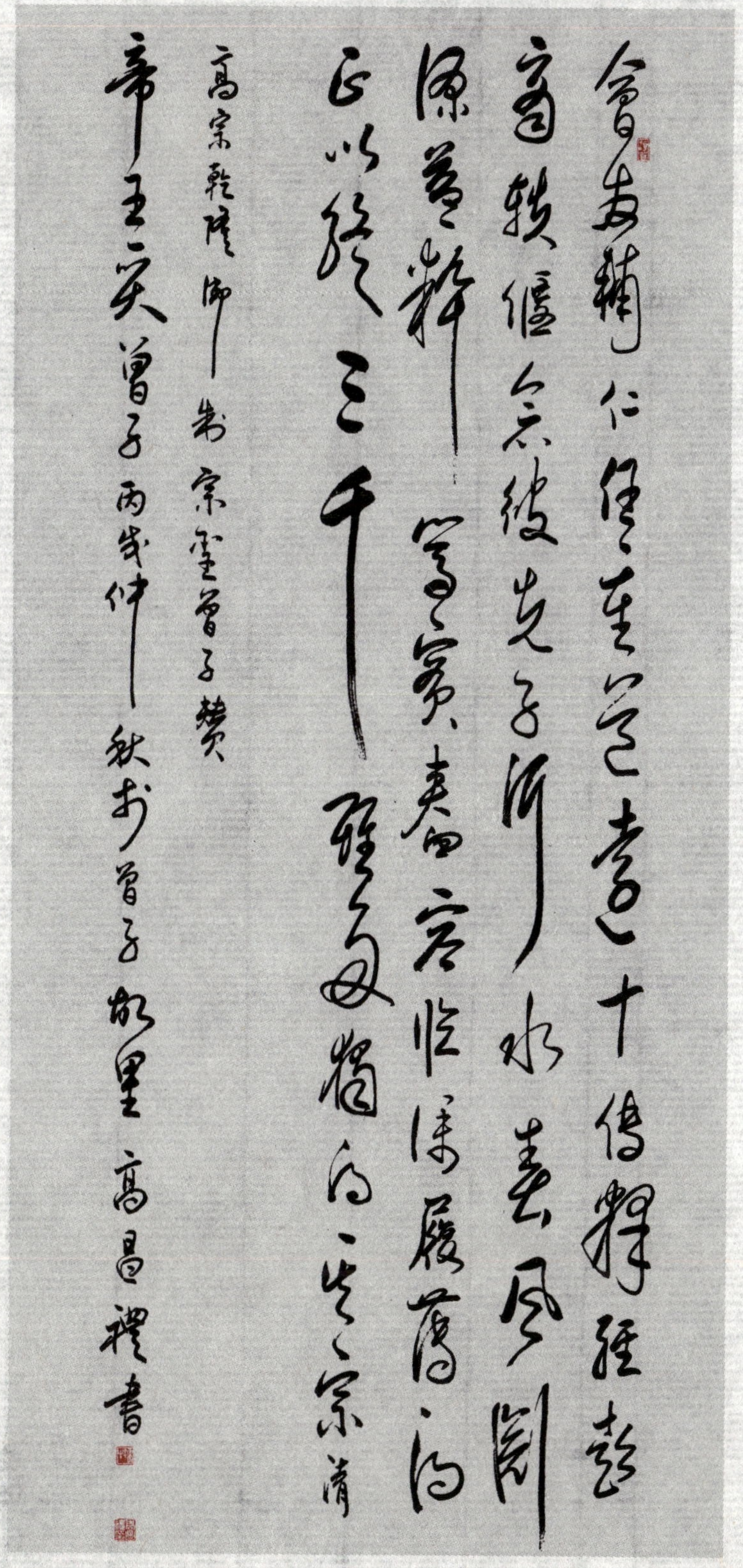

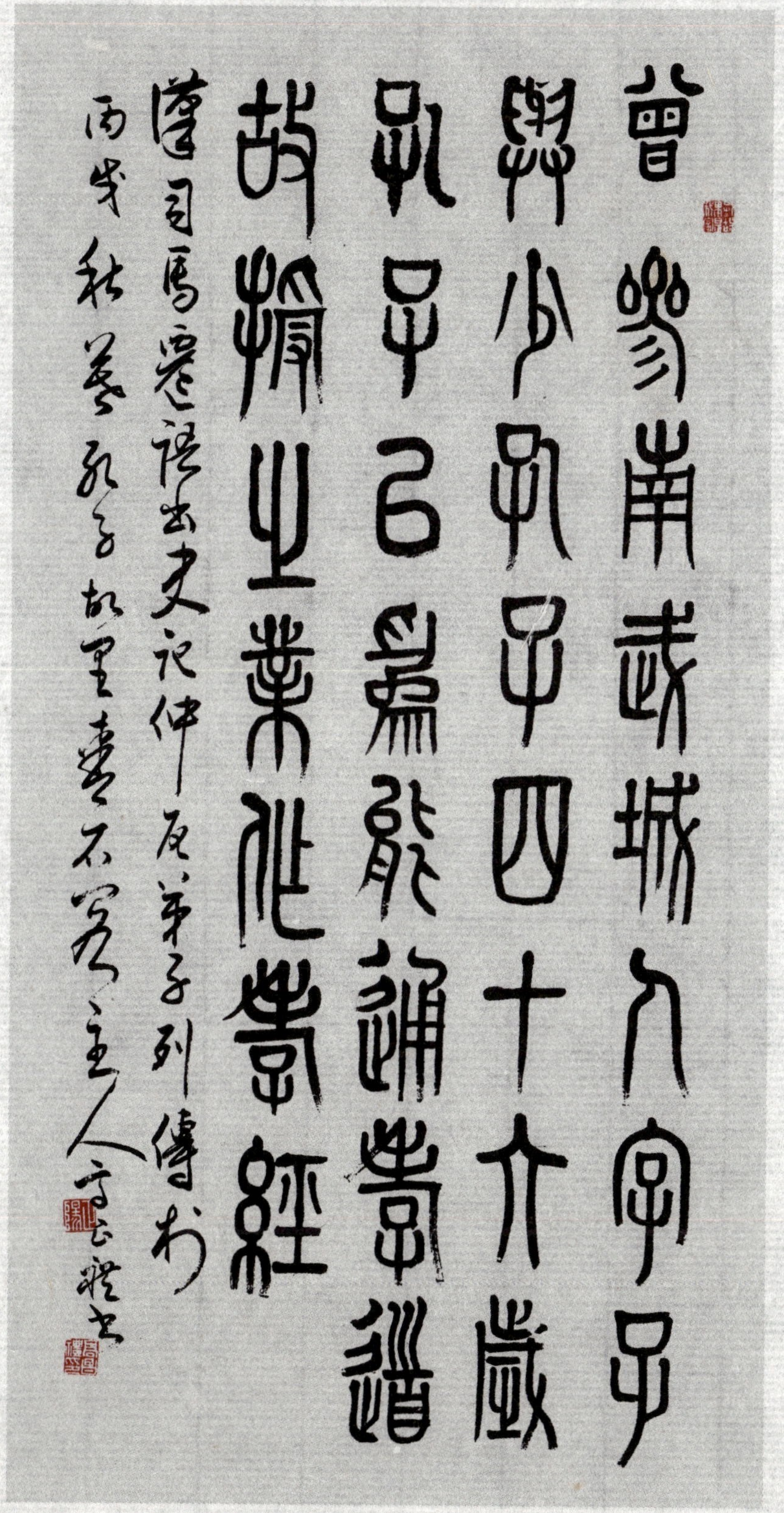
曾參南武城人字子輿
少孔子四十六歲
孔子以為能通孝道
故授之業作孝經
漢司馬遷語出史記仲尼弟子列傳

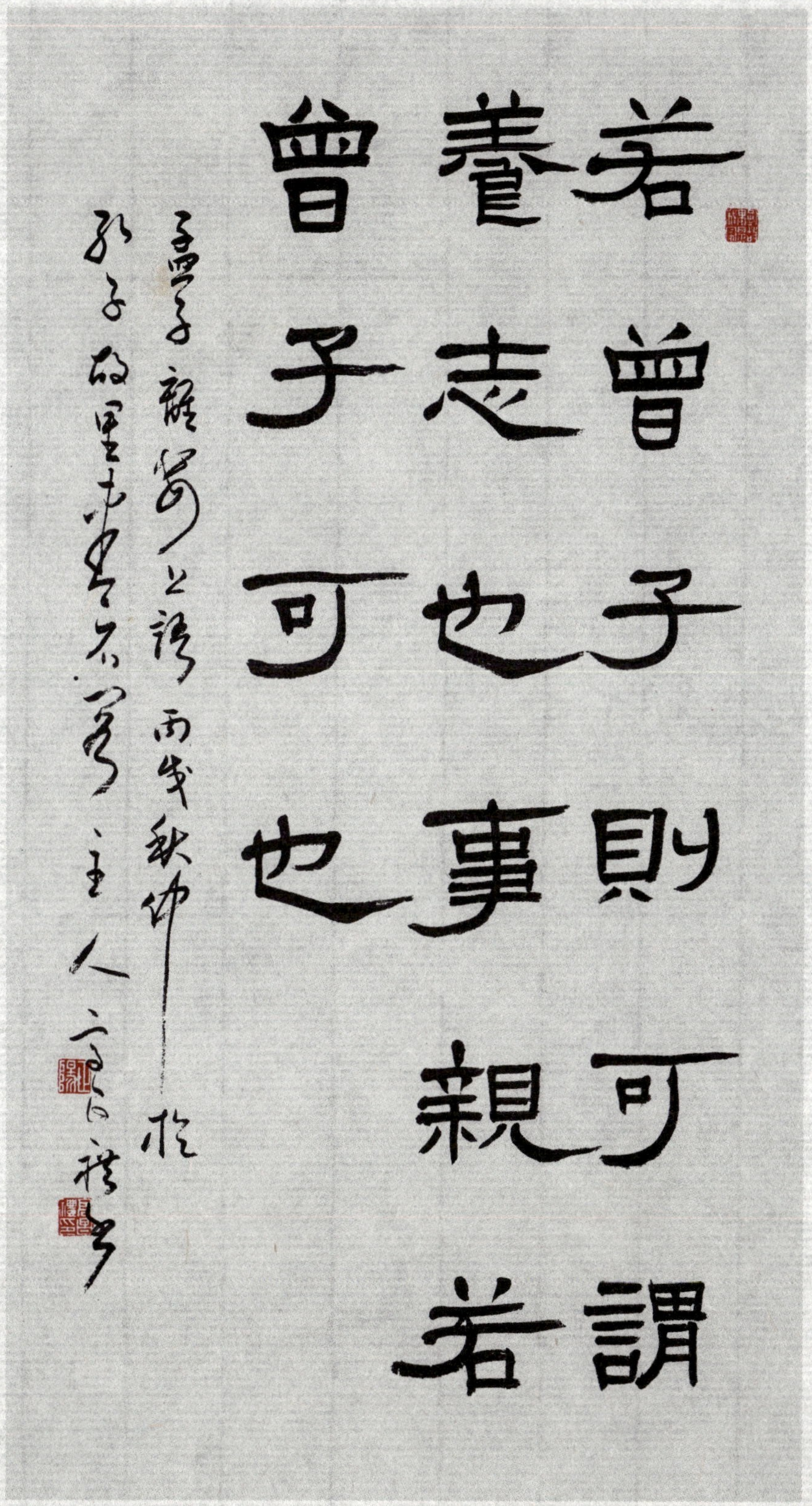
若曾子則可謂
養志也事親若
曾子可也
孟子離婁上語

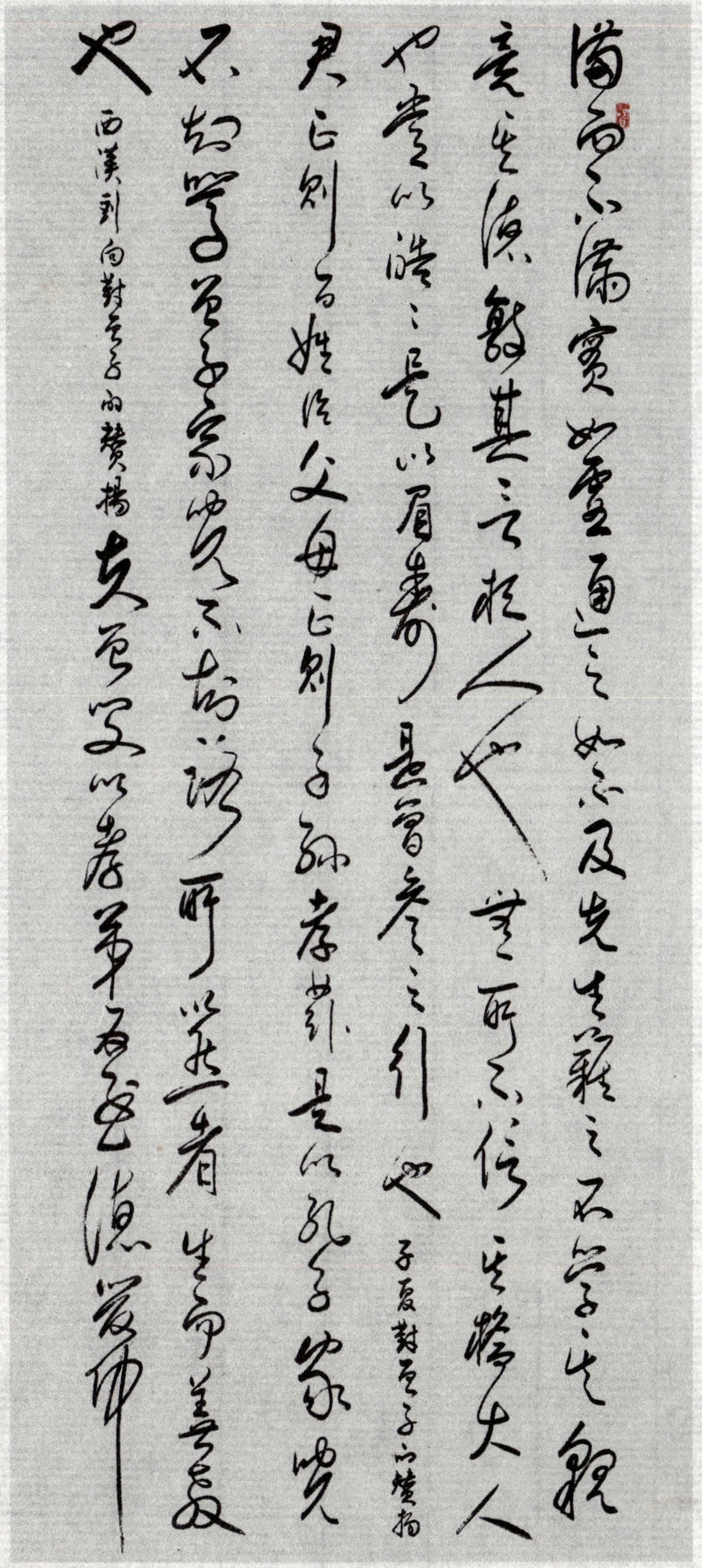

歷代名人贊曾子

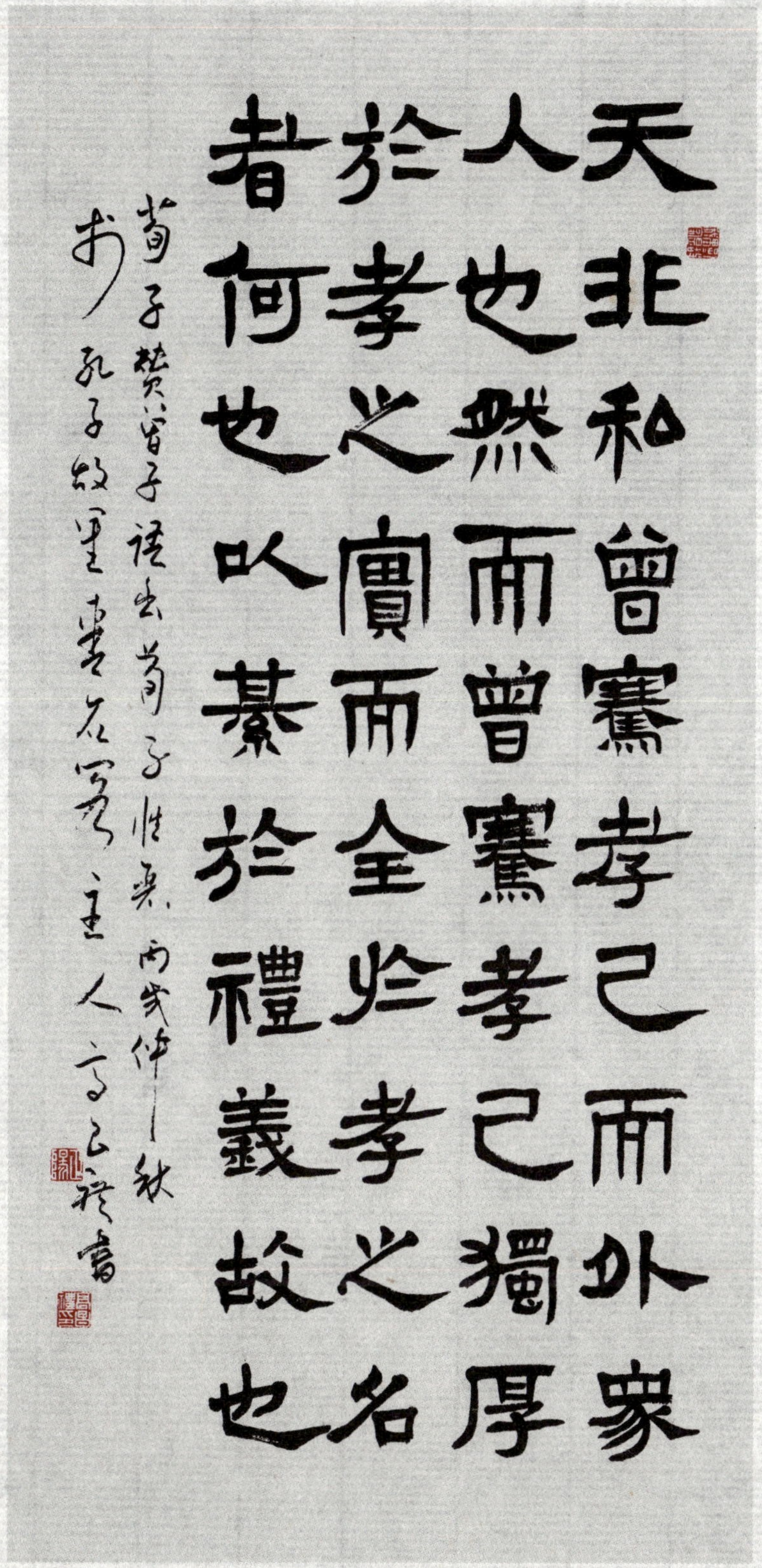
天非和曾騫孝己而外家
人也然而曾騫孝己獨厚
於孝之實而全於孝之名
者何也以綦於禮義故也

歷代名人贊曾子

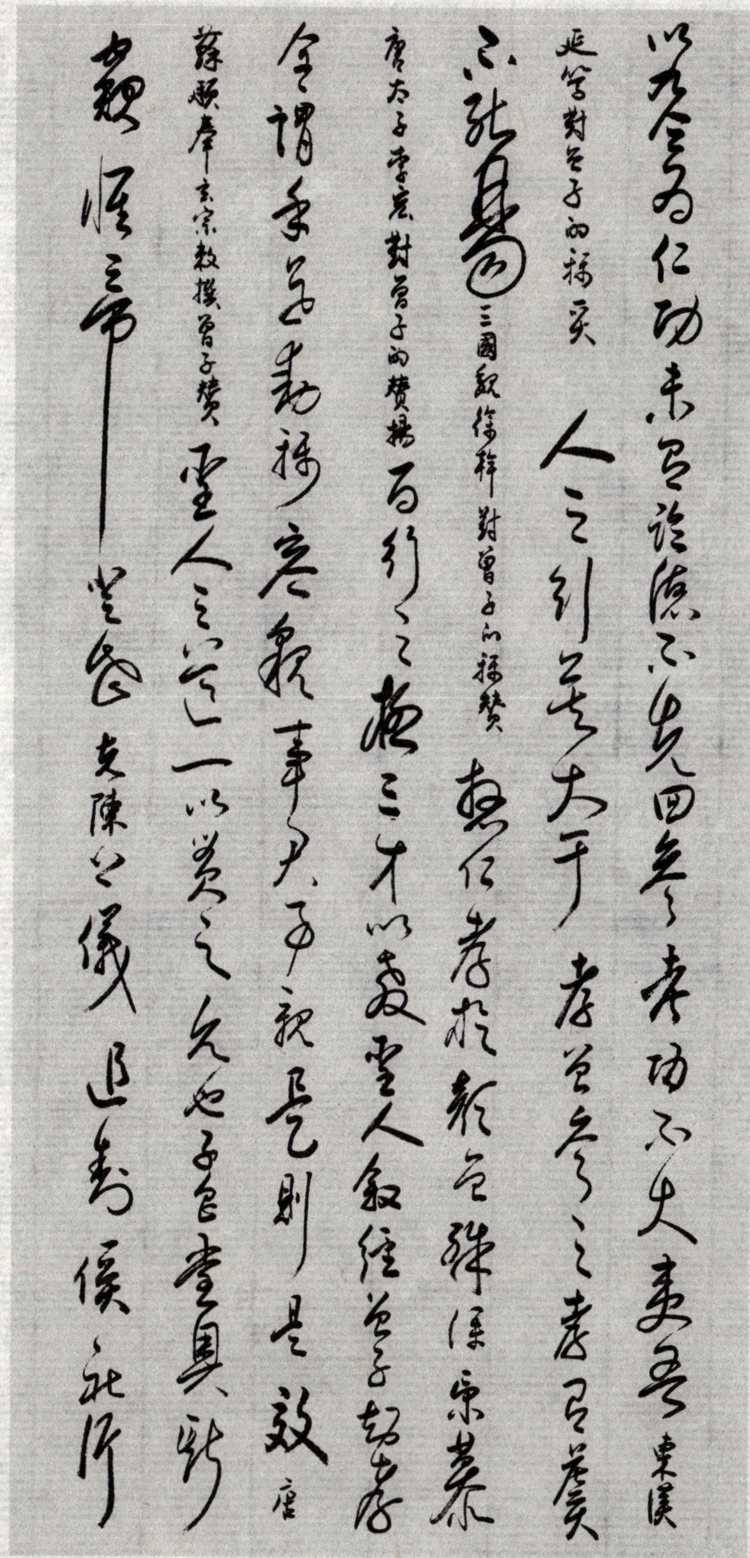

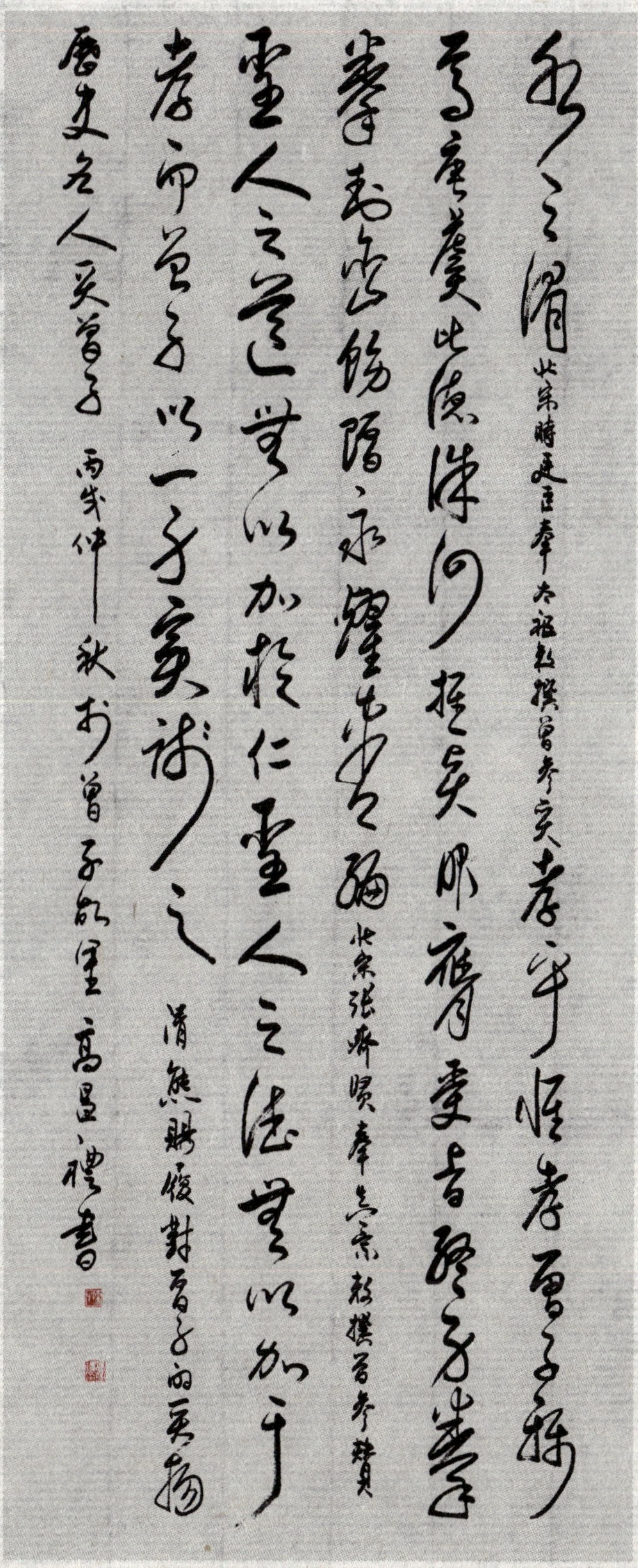

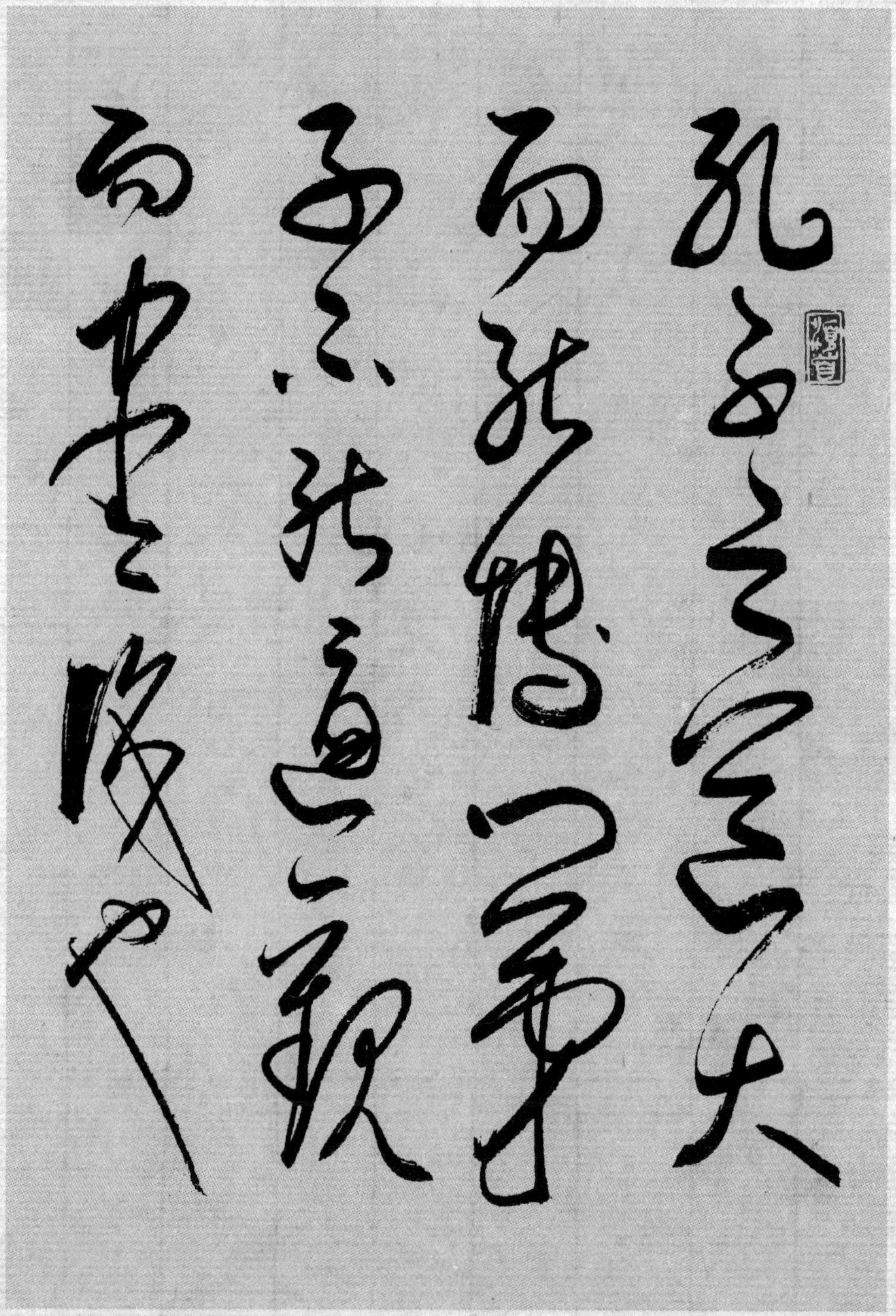

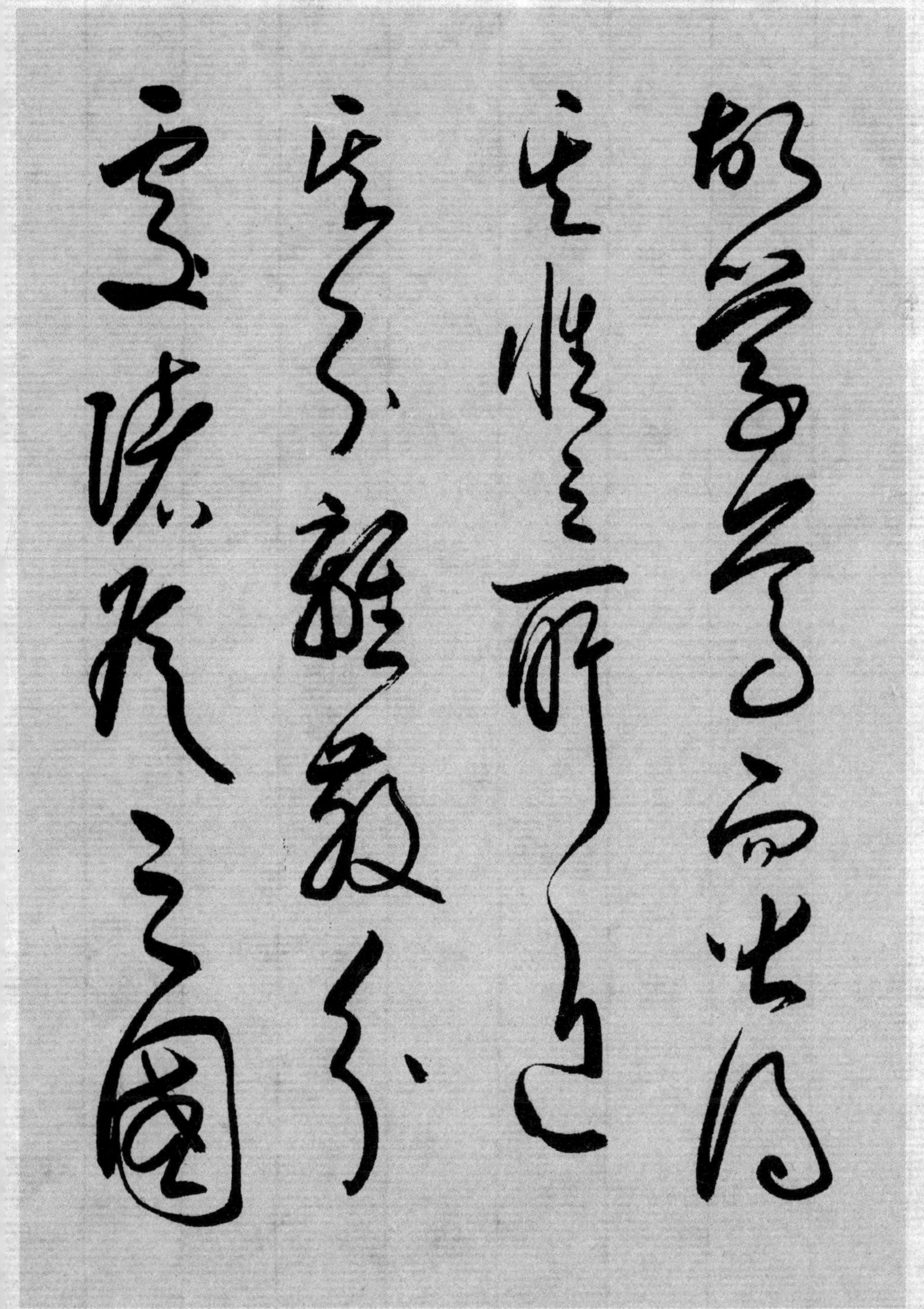

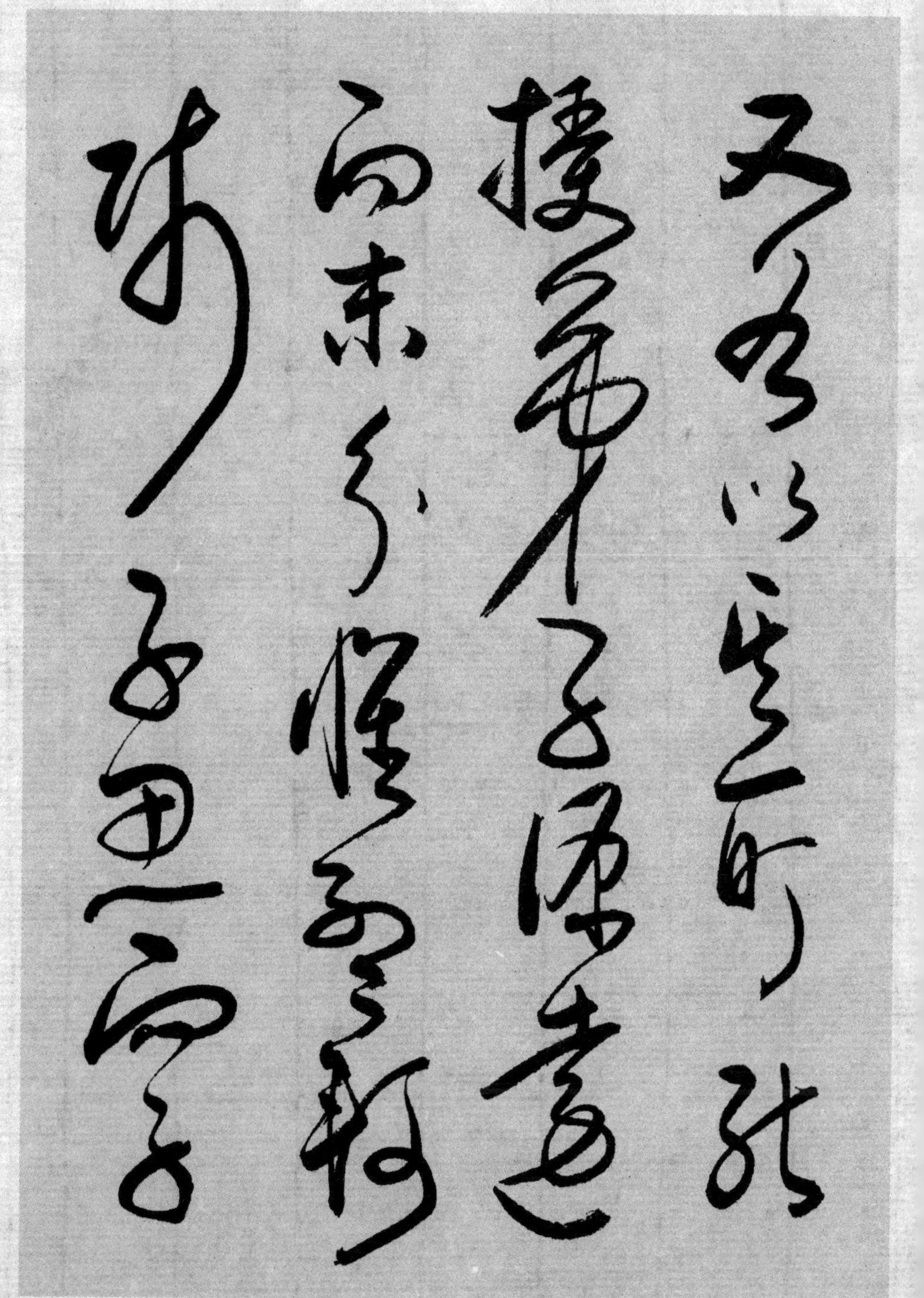

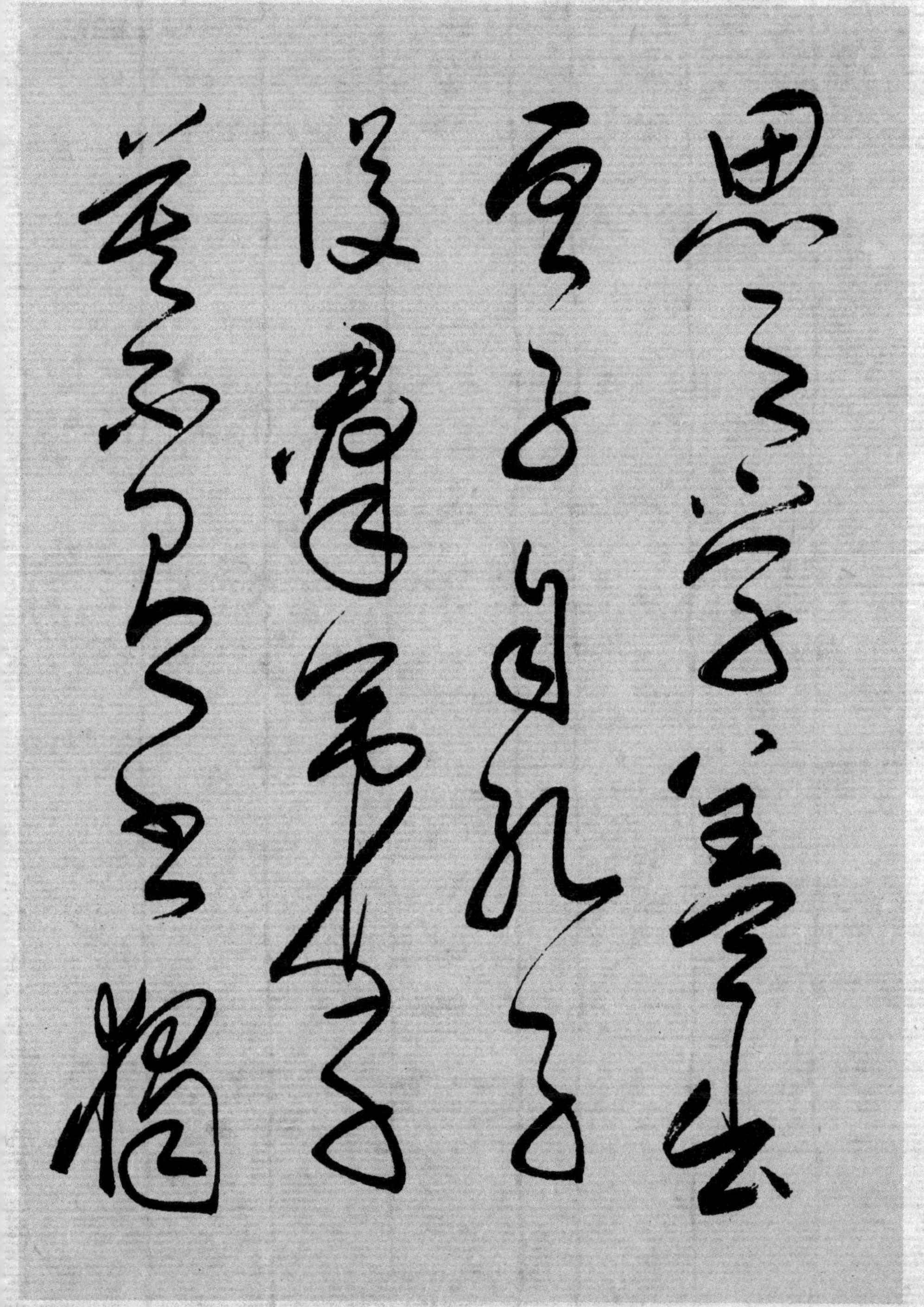

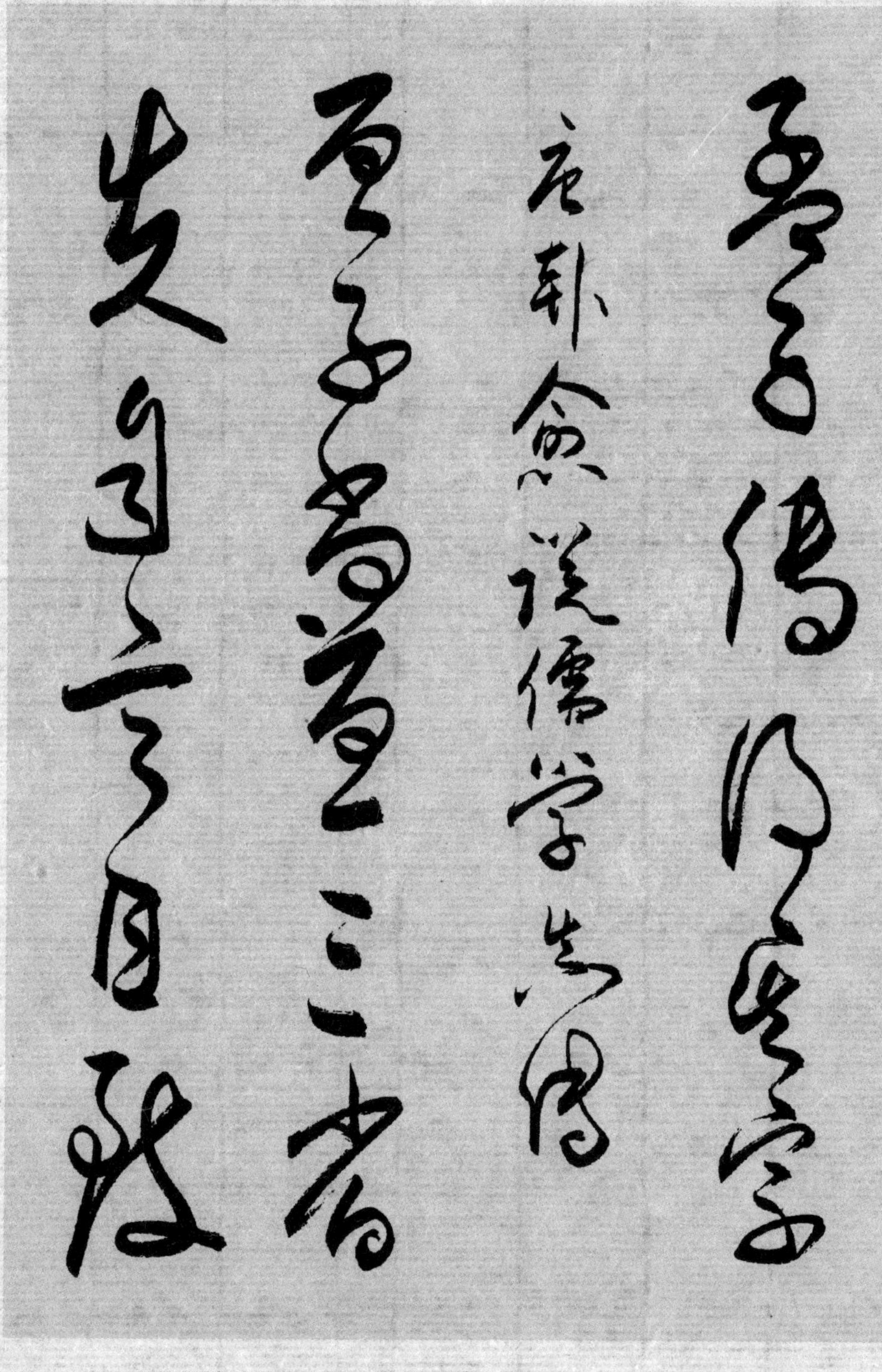

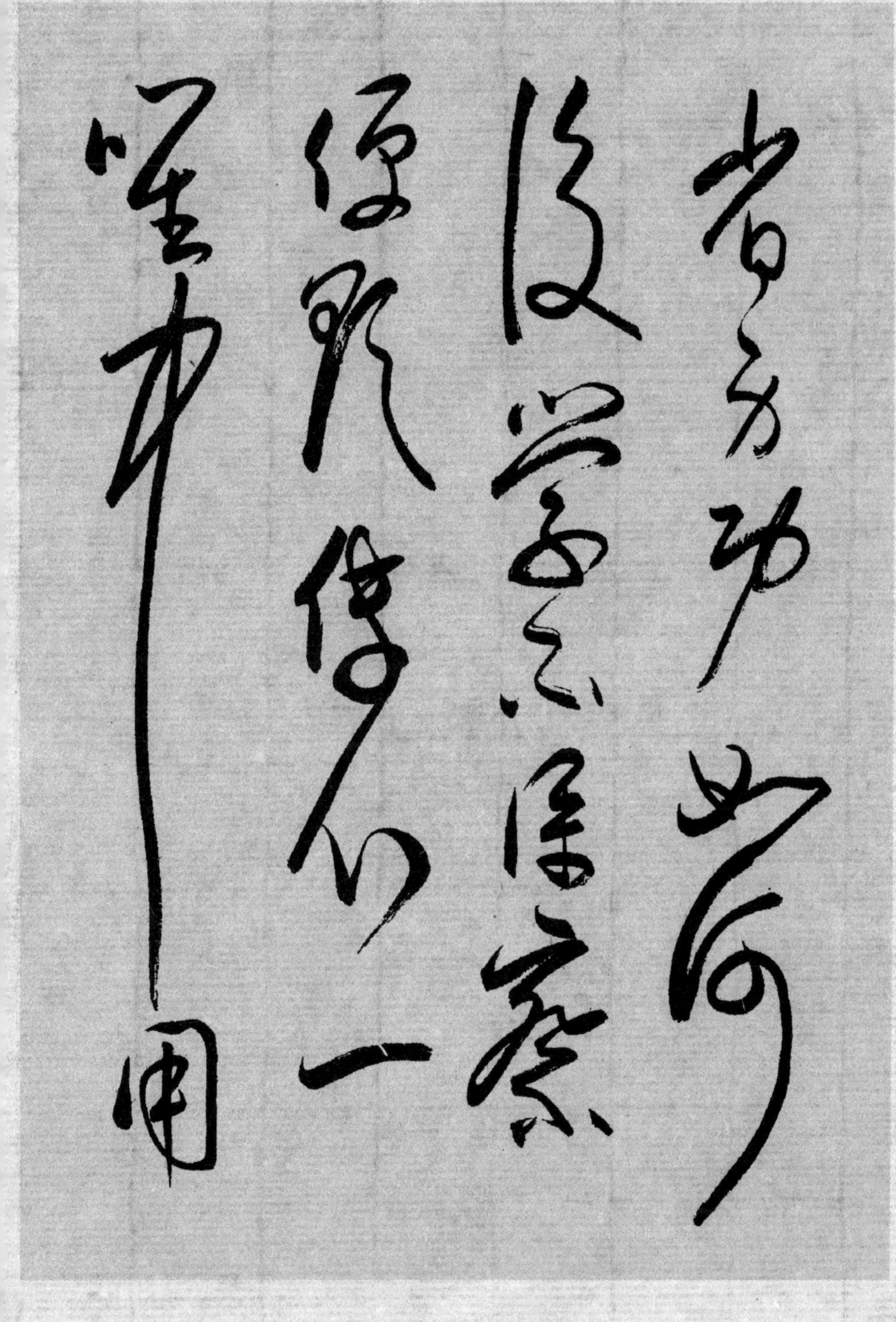

功亂以宋、根源三者系、傳入室中程系、是心隱乎散

事中諸書眼

三者一貫

宋朱熹

唐邦彥命宋朱熹贊

曾子諱參丙申仲秋

於曾子故里高邑於書

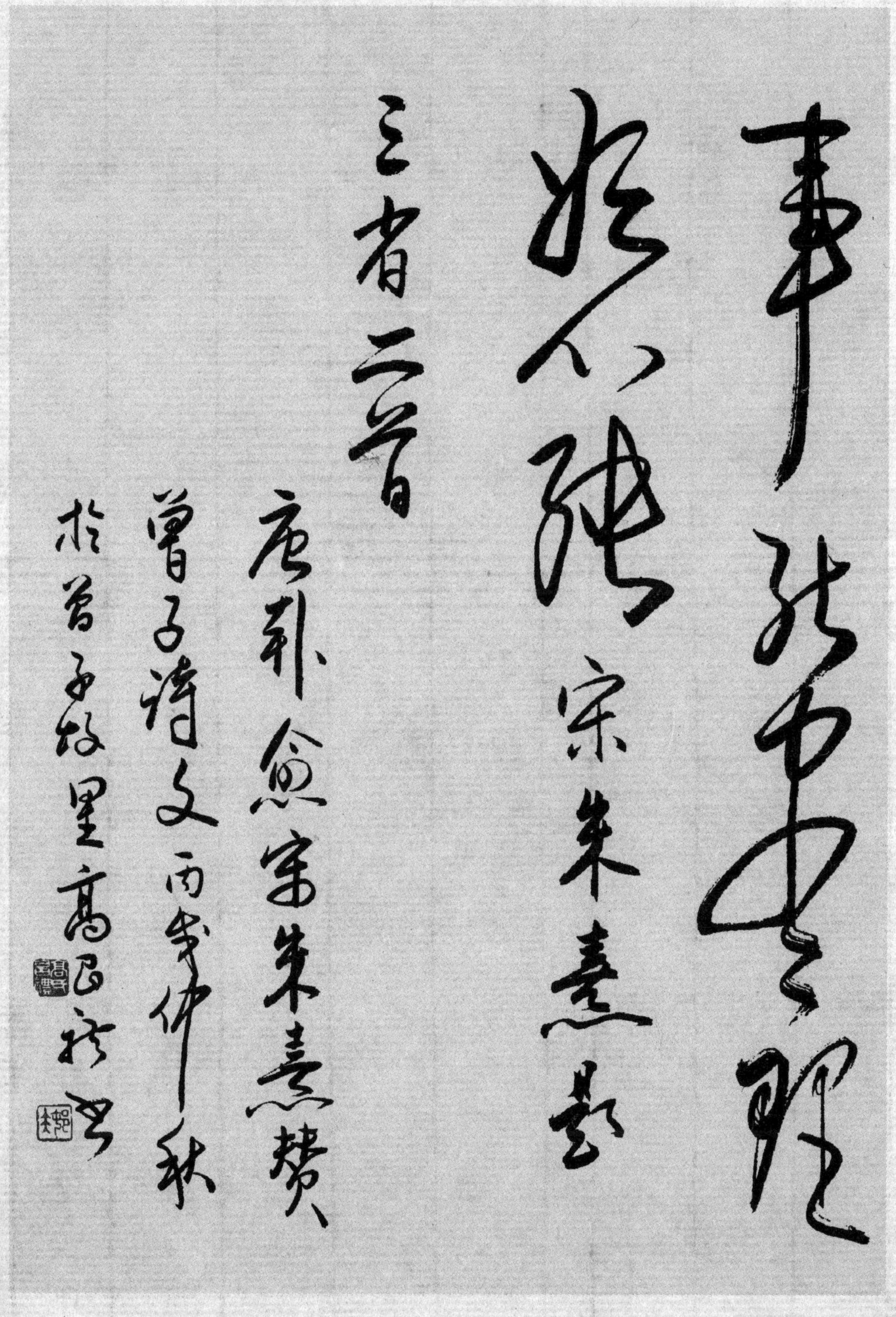

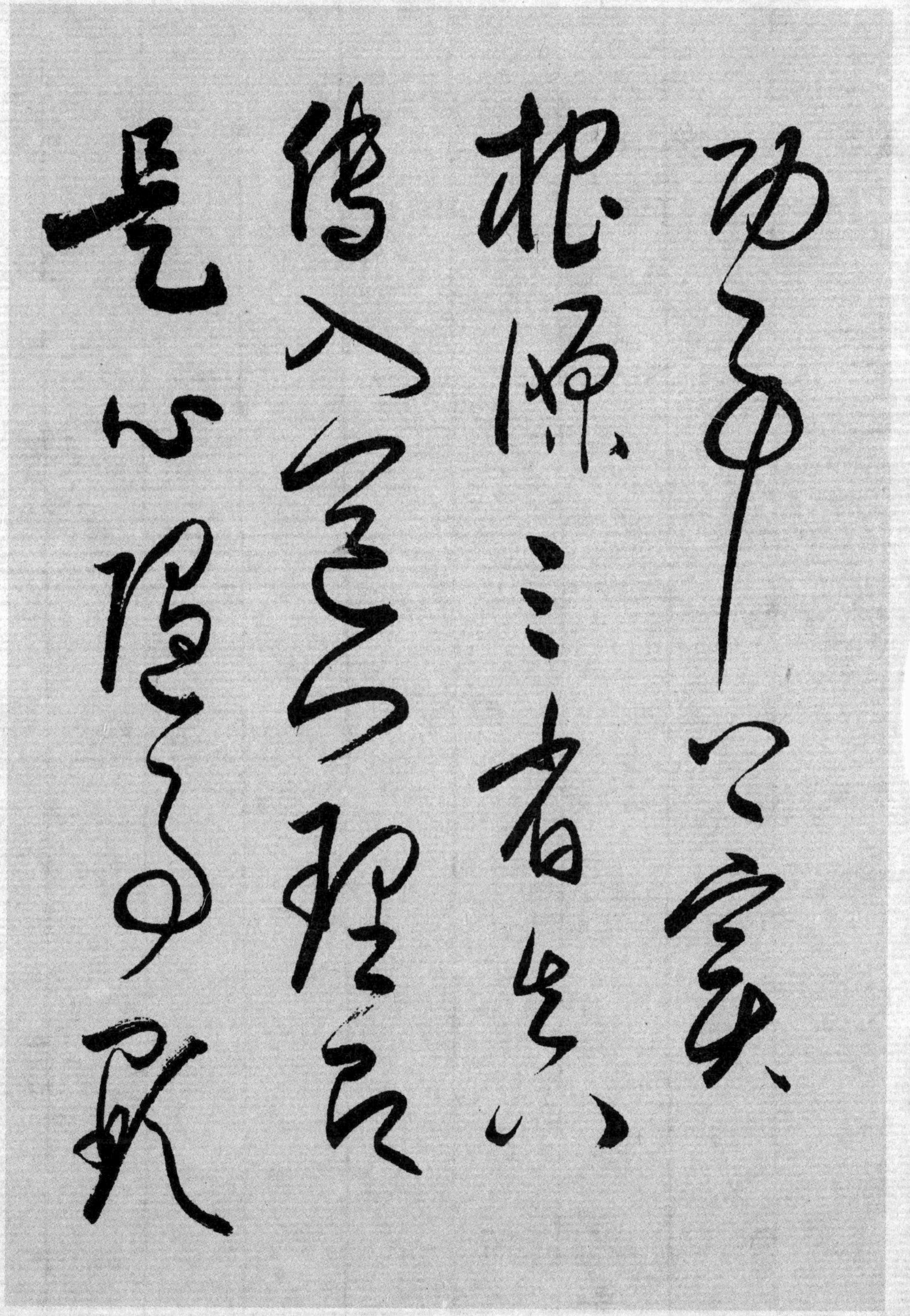

卓爾云亡魯者穎絕一呼一唯如響
借微惟子最少於聖孫傳埤以立識乃
達乎乾元大學愈篤篤行非久乃寶
乃大敦良自守捷之一貫先定厥宗
繇繇積累乃廓羅麗廓彌所
聖居前 累仁居後發言彼雲可

歷代名人贊曾子

時無定書遠哉化其苗哉化其秀
一底年生家化之之義上承大
道克毅克宏亦風不流出於
淵源之長發蹤曰開 思孟之
朋何齊飛儀何覺非邈
好學永嘆篤未得子及既得子

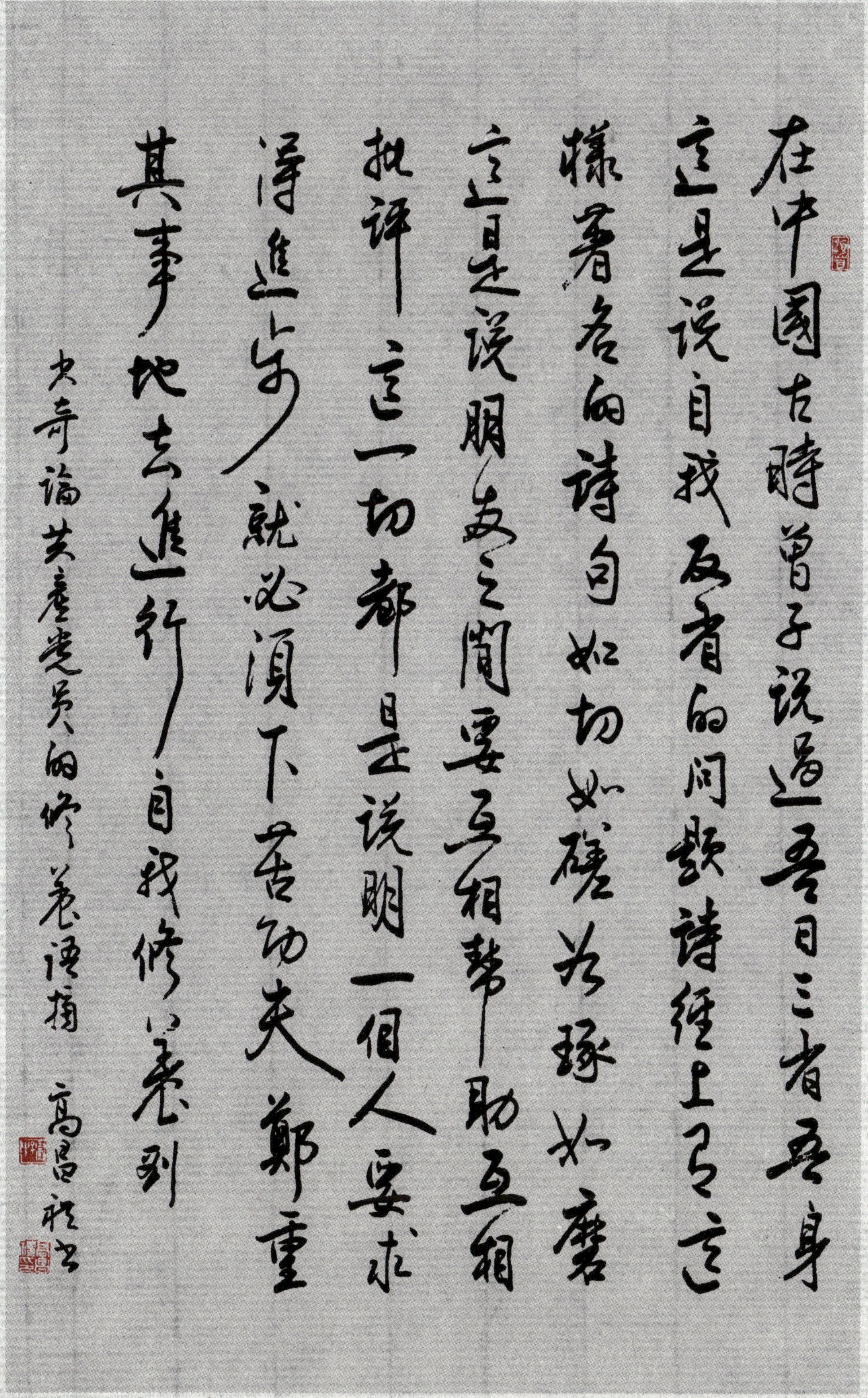

在中國古時曾子說過吾日三省吾身
這是說自我反省的問題詩經上有這
樣著名的詩句如切如磋如琢如磨
這是說朋友之間要互相幫助互相
批評這一切都是說明一個人要求
得進步就必須下苦功夫鄭重
其事地去進行自我修養劉
少奇論共產黨員的修養語摘
高昌程書

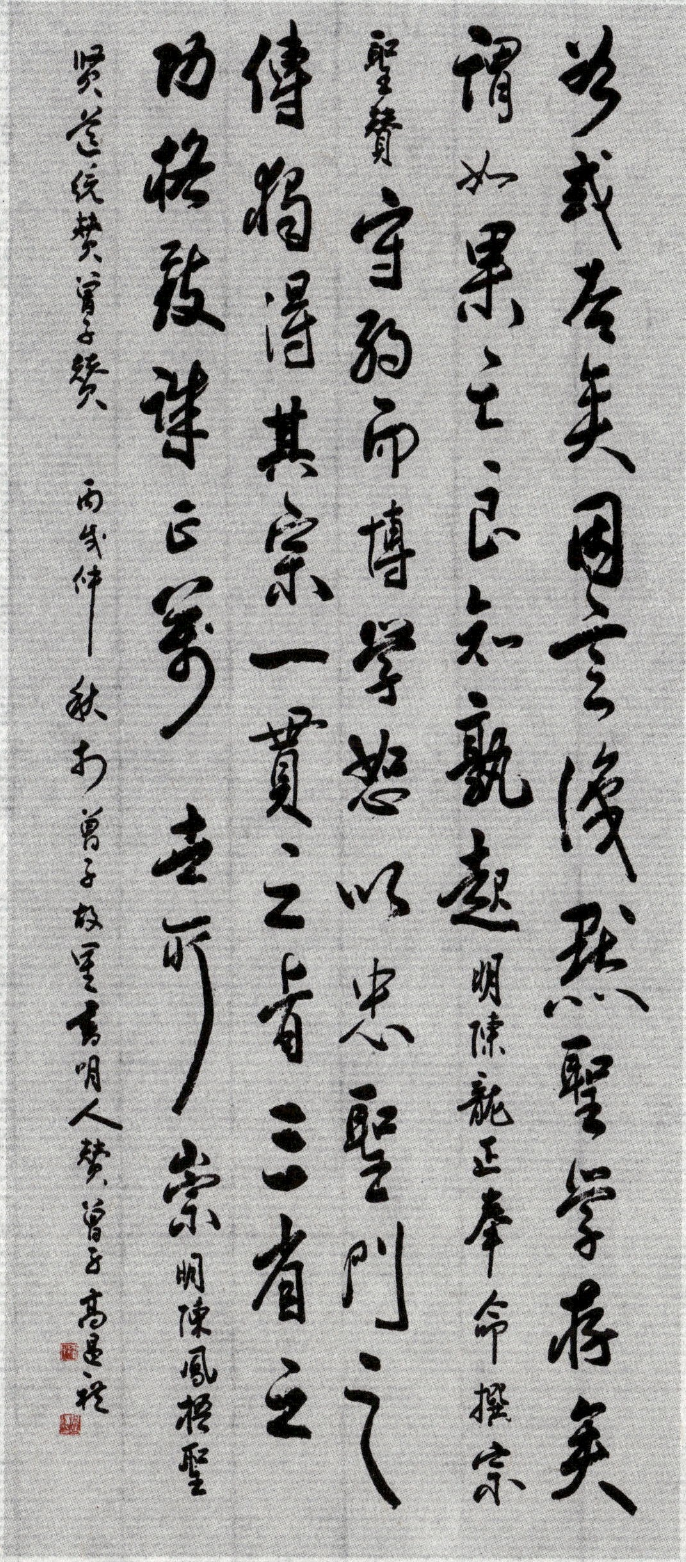

於戲吾夫因之像然聖學存矣
謂如果否良知孰起
明陳龍正奉命撰宗聖贊
守約而博學恕以忠聖門之
傳獨得其宗一貫之旨三省之
功格致誠正萬世所宗
明陳鳳梧聖賢道統贊曾子贊
丙戌仲秋於曾子故里書明人贊曾子 高昌程

中國古代的曾子尚且吾日三省吾身，常常想想自己，何況我們，我們真該丟開這個面子，嚴格要求自己。
摘自周恩來教育文選
曾子曰：吾日三省吾身：為人謀而不忠乎？與朋友交而不信乎？傳不習乎？這是講個人修養的最好規範。
摘自一九八七年三月四日中國青年報
丙子仲秋於曾子故里 高昌禮書

歷代名人贊曾子

孝

夫孝者，天下之大經也。夫孝，置之而塞於天地，衡之而衡於四海，施諸後世而無朝夕，推而放諸東海而準，推而放諸西海而準，推而放諸南海而準，推而放諸北海而準。
大戴禮記曾子大孝

孝子言為可聞，行為可見。言為可聞，所以悅遠也；行為可見，所以悅近也。近者悅則親，遠者悅則附。親近而附遠，孝子之道也。
荀子 昭大

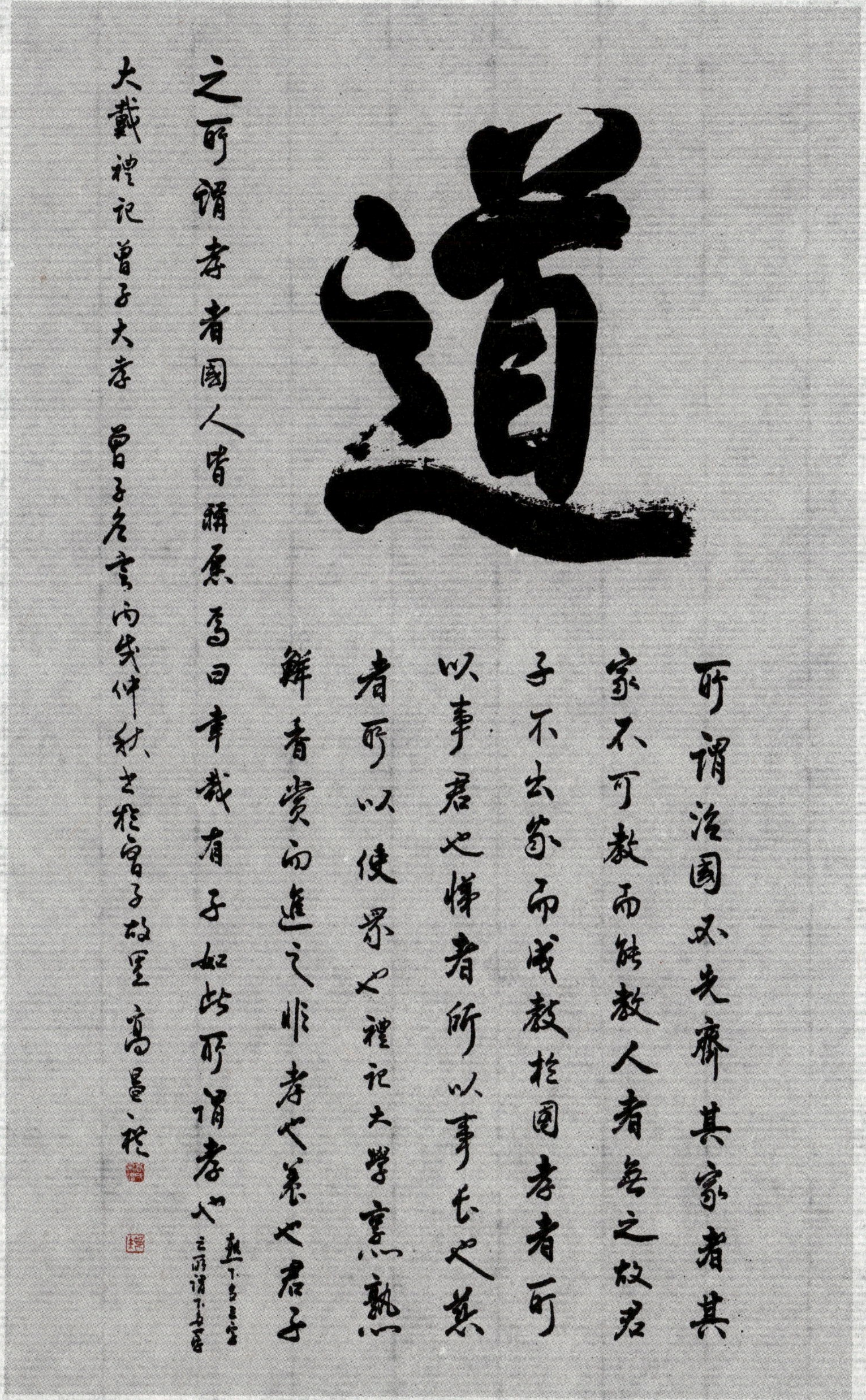
道
所謂治國必先齊其家者其家不可教而能教人者無之故君子不出家而成教於國孝者所以事君也悌者所以事長也慈者所以使眾也禮記大學
烹熟鮮香嘗而進之非孝也養也君子之所謂孝者國人皆稱願焉曰幸哉有子如此所謂孝也
大戴禮記曾子大孝
曾子名言兩件仲秋書於曾子故里高昌

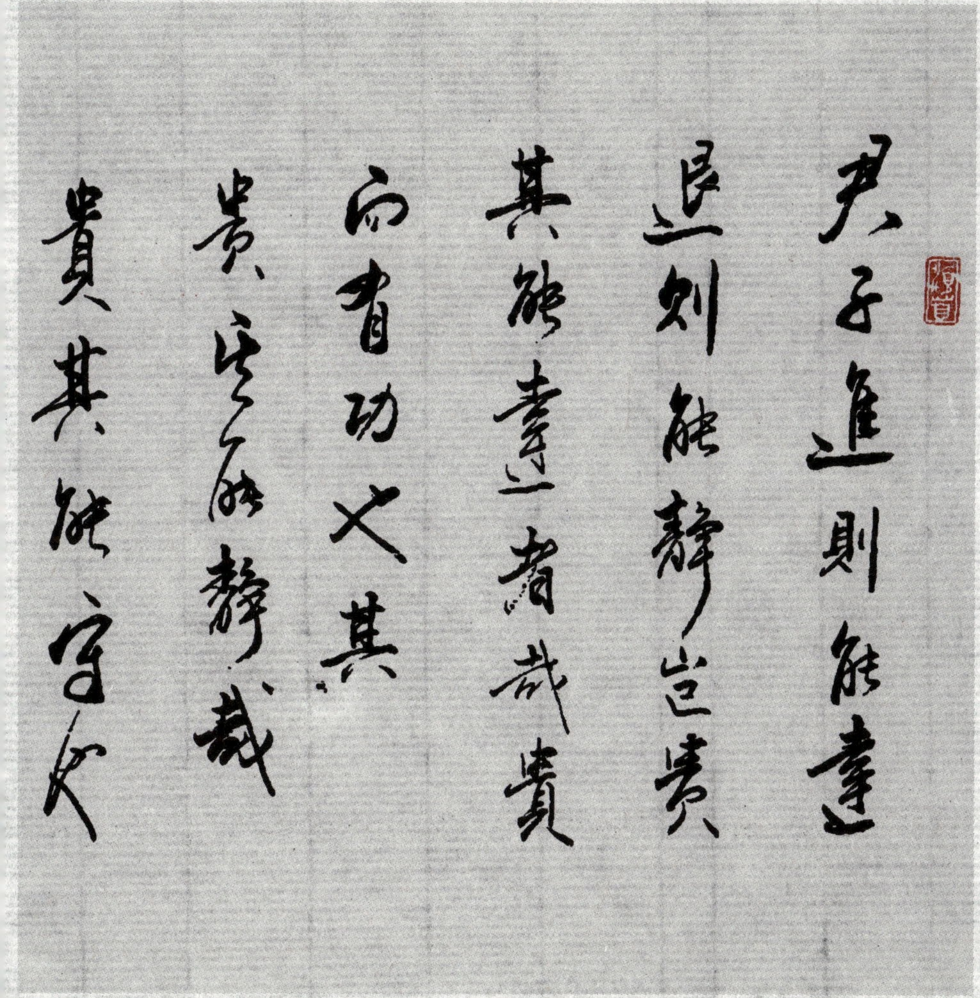
君子進則能達
退則能靜豈貴
其能達者哉貴
其有功也其
貴其能靜哉
貴其能守也

君子進則能益
上之譽而損下
之憂不得志不
安貴位不博
厚祿負耜而行
道凍餓而守仁

則君子之義
也 大戴禮記曾子制言

君子以仁為尊
天下之為富
何為富則仁為
富也天下之為

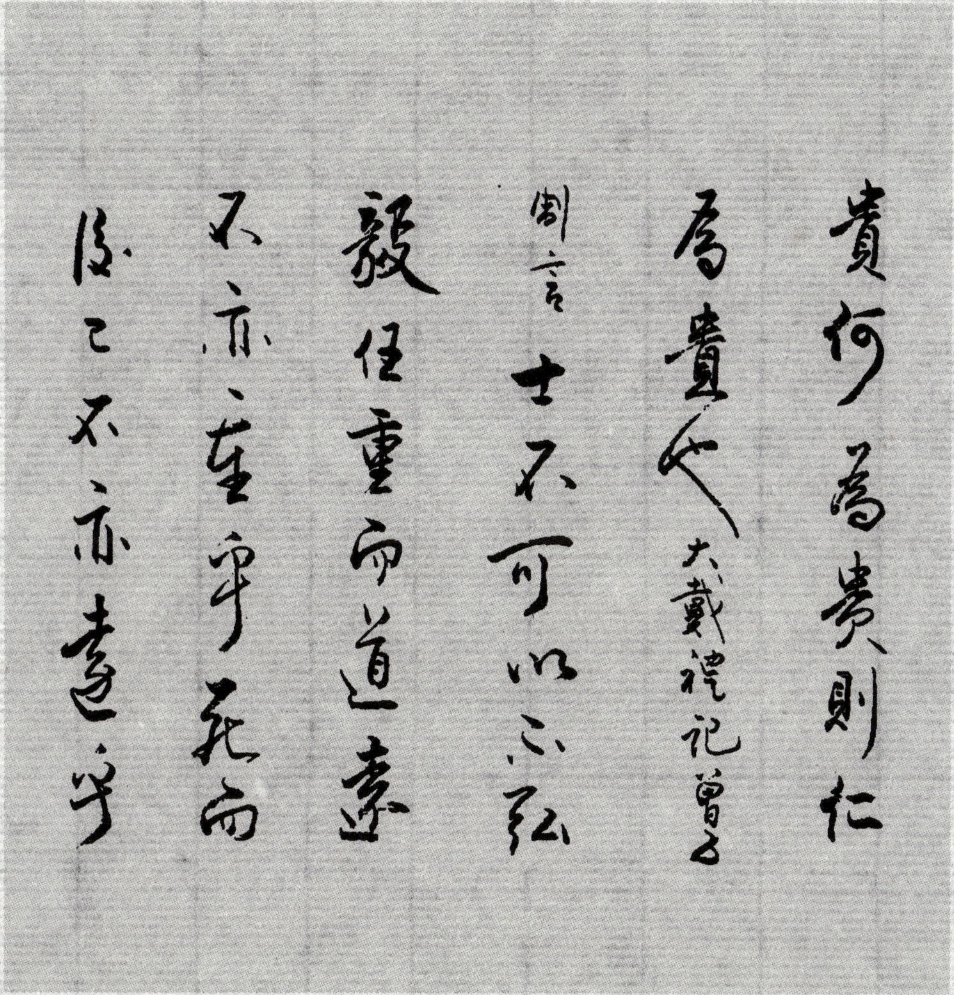
貴何為貴則仁為貴也
大戴禮記曾子制言
士不可以不弘毅任重而道遠不亦重乎死而後已不亦遠乎

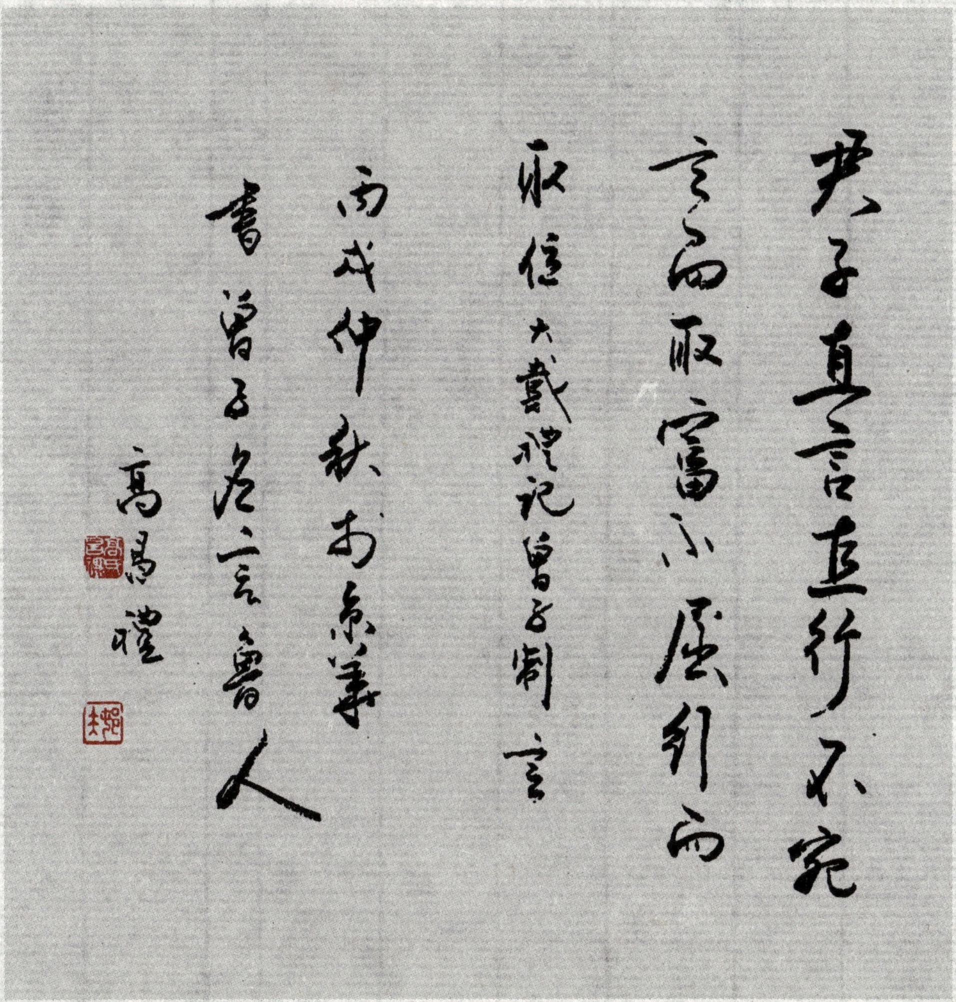
君子直言直行不宛言而取富不屈行而取位
大戴禮記曾子制言
丙戌仲秋
書曾子名言
魯人

臨懼之而觀其不恐也怒之而觀其不惛也喜之而觀其不誣也近諸色而觀其有常也利之

而觀其能讓者居哀而觀其貞也居約而觀其不營也勤勞之而觀其不擾人也

大戴禮

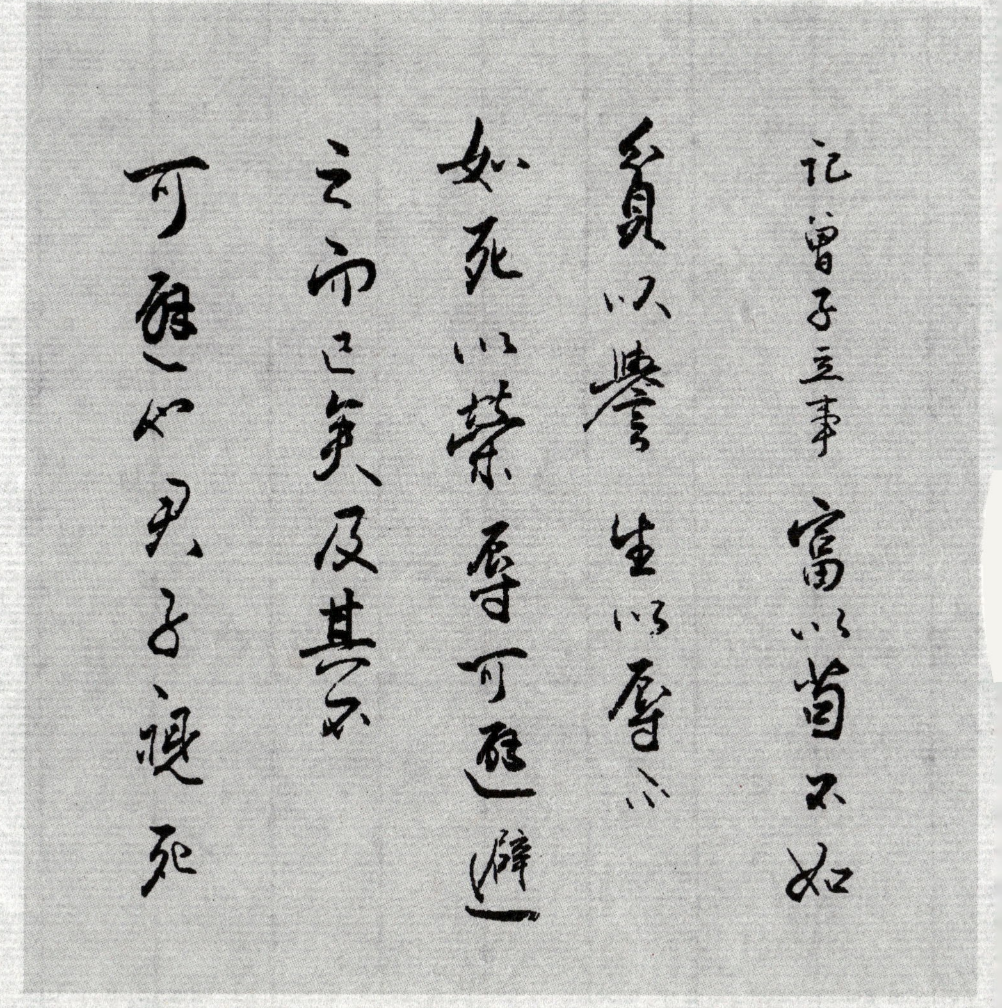
記曾子立事
富以苟不如貧以譽 生以辱不如死以榮 辱可避 避之而已矣 及其不可避也 君子視死

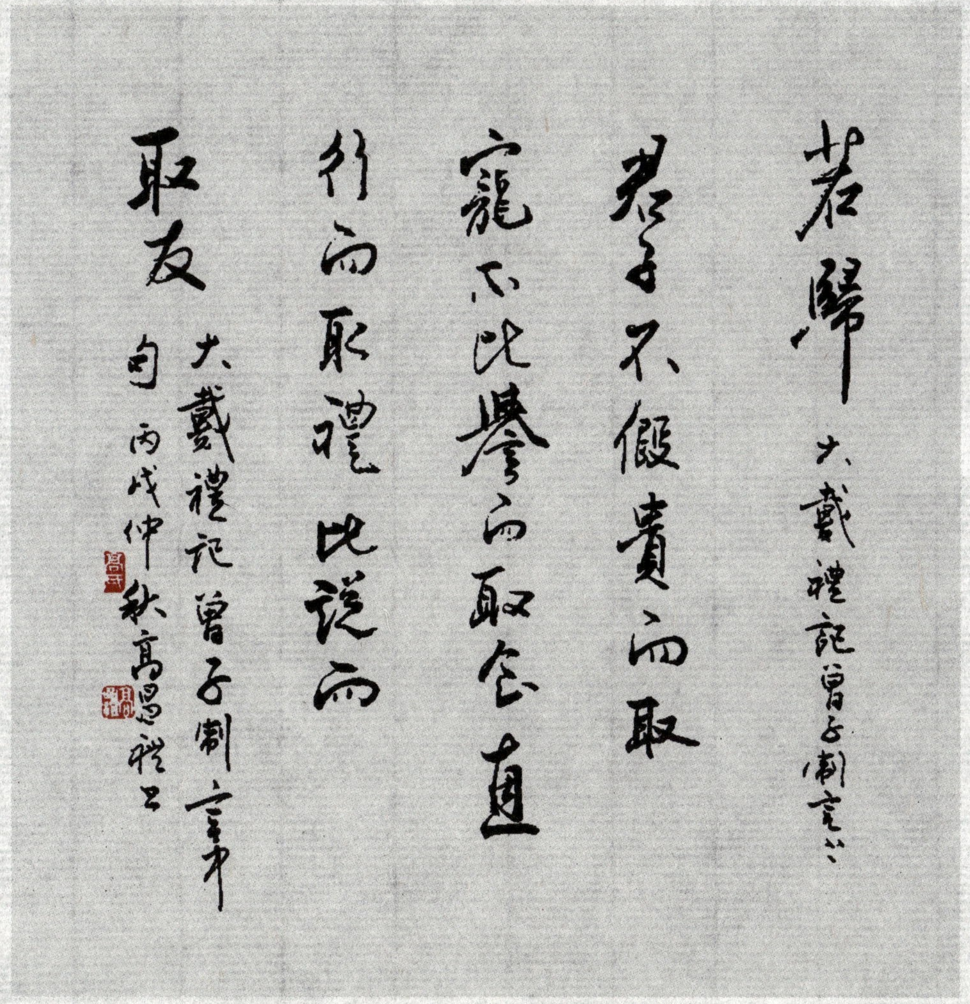
若歸 大戴禮記曾子制言
君子不假貴而取寵 不比譽而取食 直行而取禮 比說而取友
大戴禮記曾子制言句
丙戌仲秋

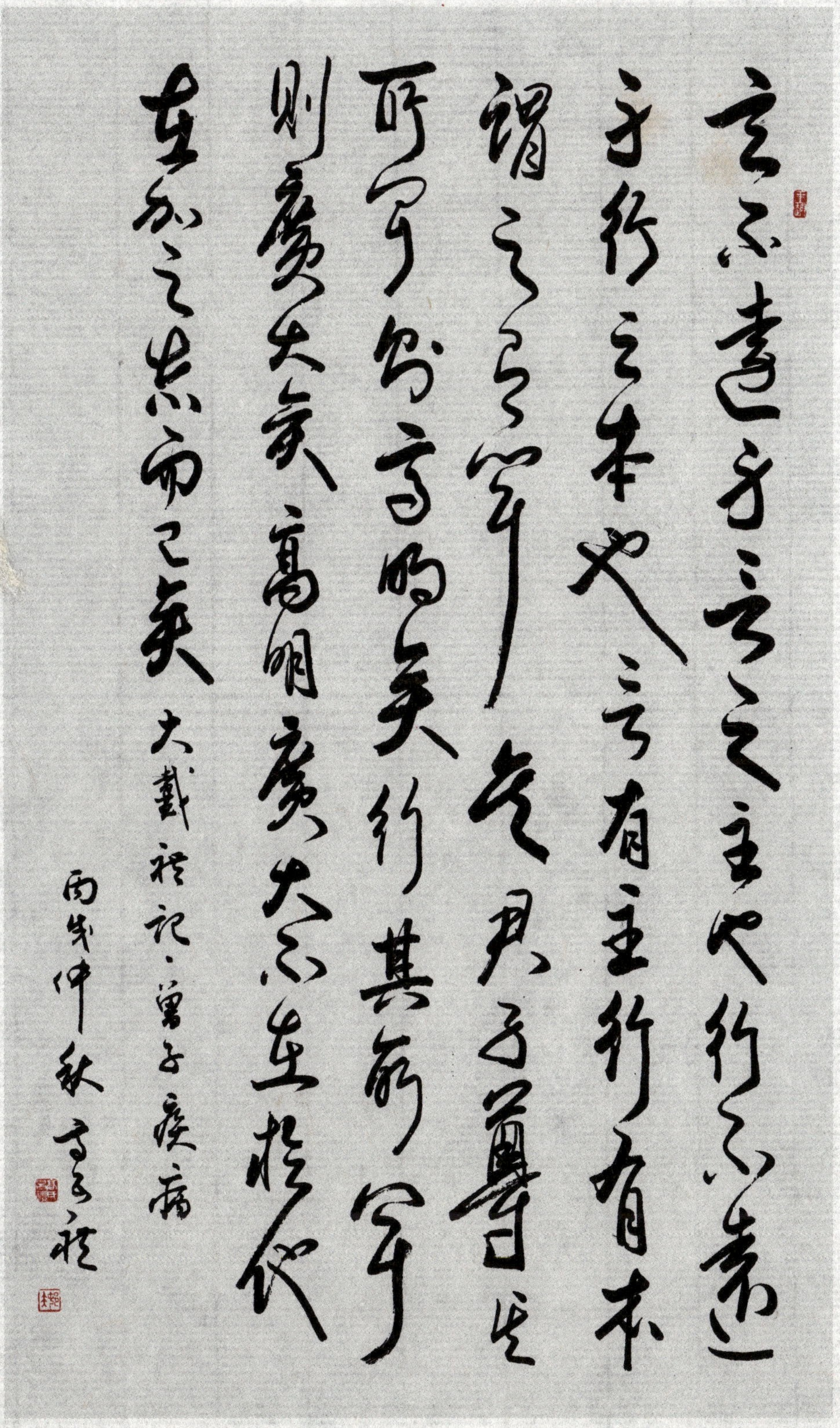
言不遠身言之主也行不遠身行之本也言有主行有本謂之有聞矣君子尊其所聞則高明矣行其所知則廣大矣高明廣大不在於他在加之志而已矣
大戴禮記·曾子疾病
丙戌仲秋

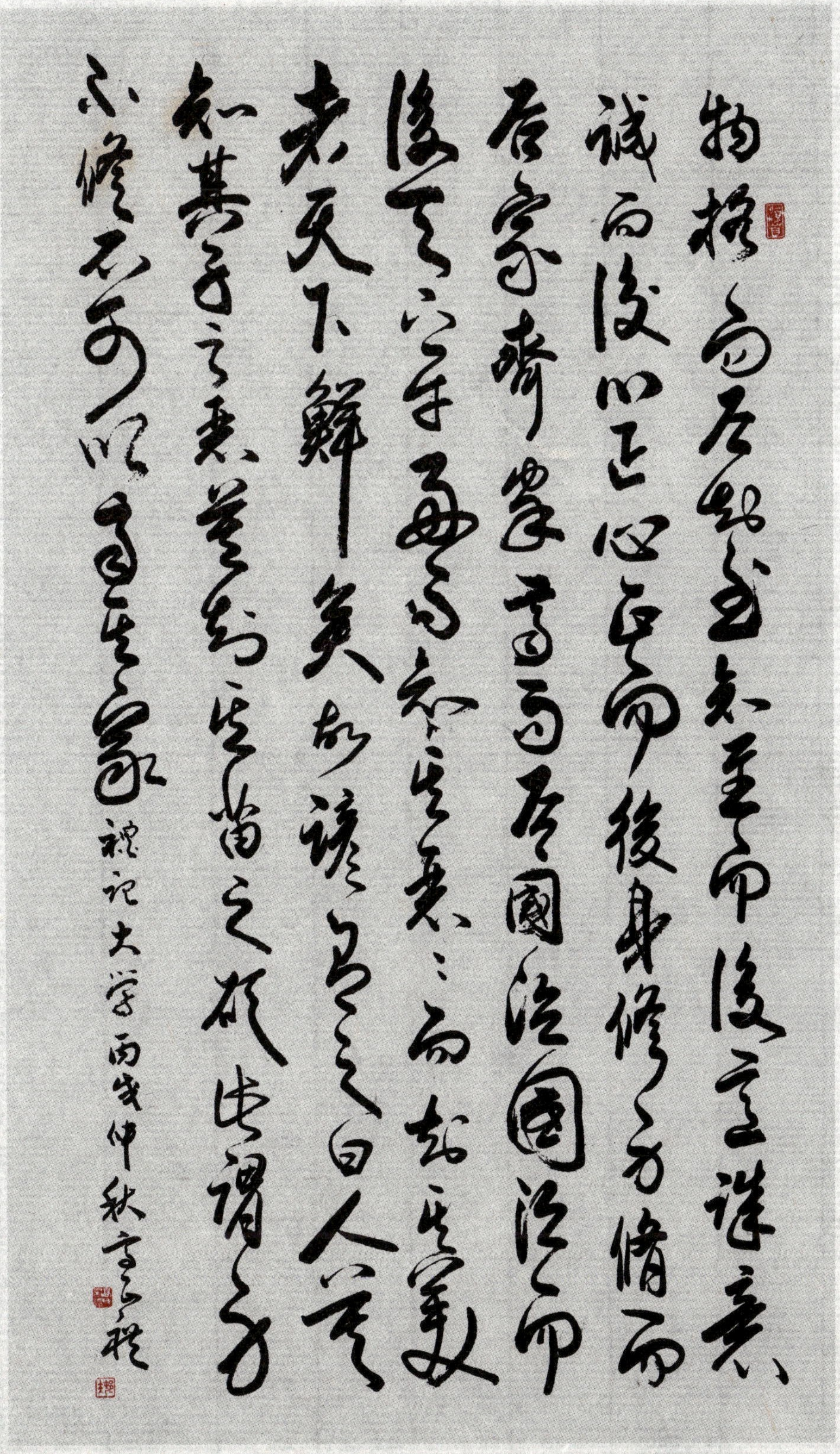
物格而后知至知至而后意誠意誠而后心正心正而后身修身修而后家齊家齊而后國治國治而后天下平好而知其惡惡而知其美者天下鮮矣故諺有之曰人莫知其子之惡莫知其苗之碩此謂身不修不可以齊其家
禮記大學
丙戌仲秋

過而不能改倦也行而不能遂耻也慕善人而不與焉辱也弗知而不問焉固也說而不能窮也喜怒異慮惑也不能行而言之誣也非其事而居之矯也道言而飾其辭虛也無益而食厚祿竊也好道煩言亂也殺人而不戚焉賊也

大戴禮記曾子立事 丙戌仲秋于求是齋 方子楷書

吾學夫子之三言未之能行也夫子見人之一善而忘其百非是夫子之易事也夫子見人之有善若己有之是夫子之不爭也聞善必躬親行之然後道之是夫子之能勞也

說苑雜言 丙戌仲秋于求是齋 方子楷書

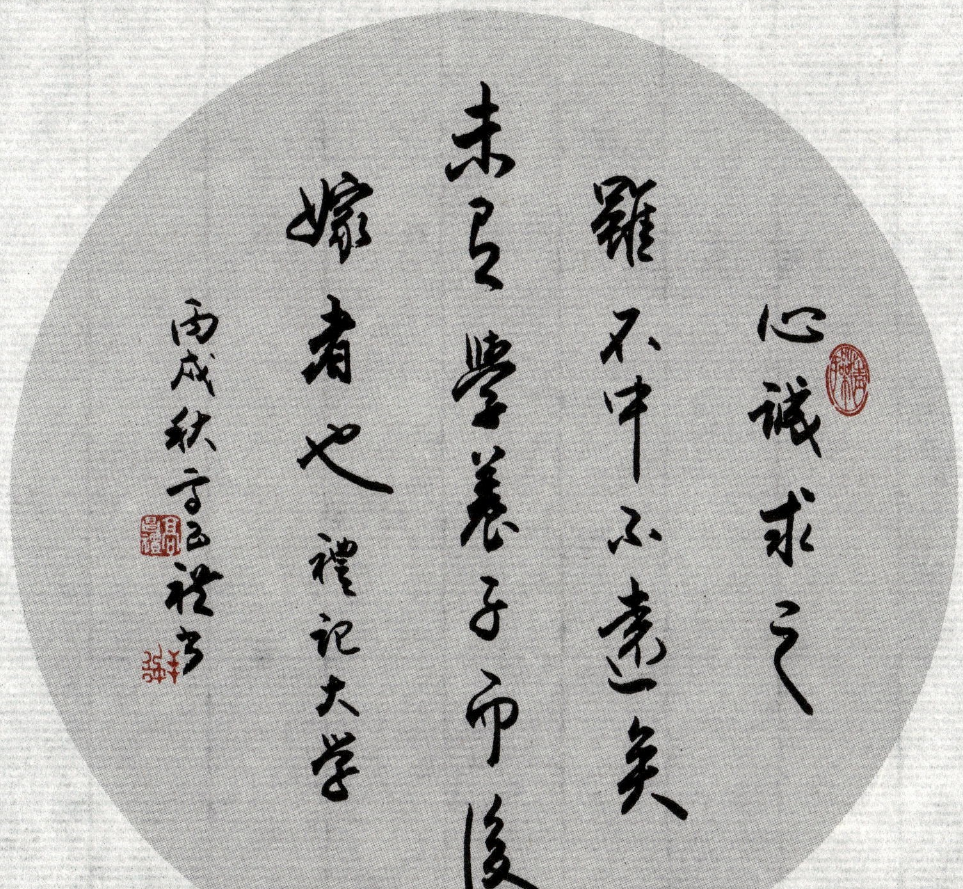
心誠求之
雖不中不遠矣
未有學養子而後
嫁者也
禮記大学

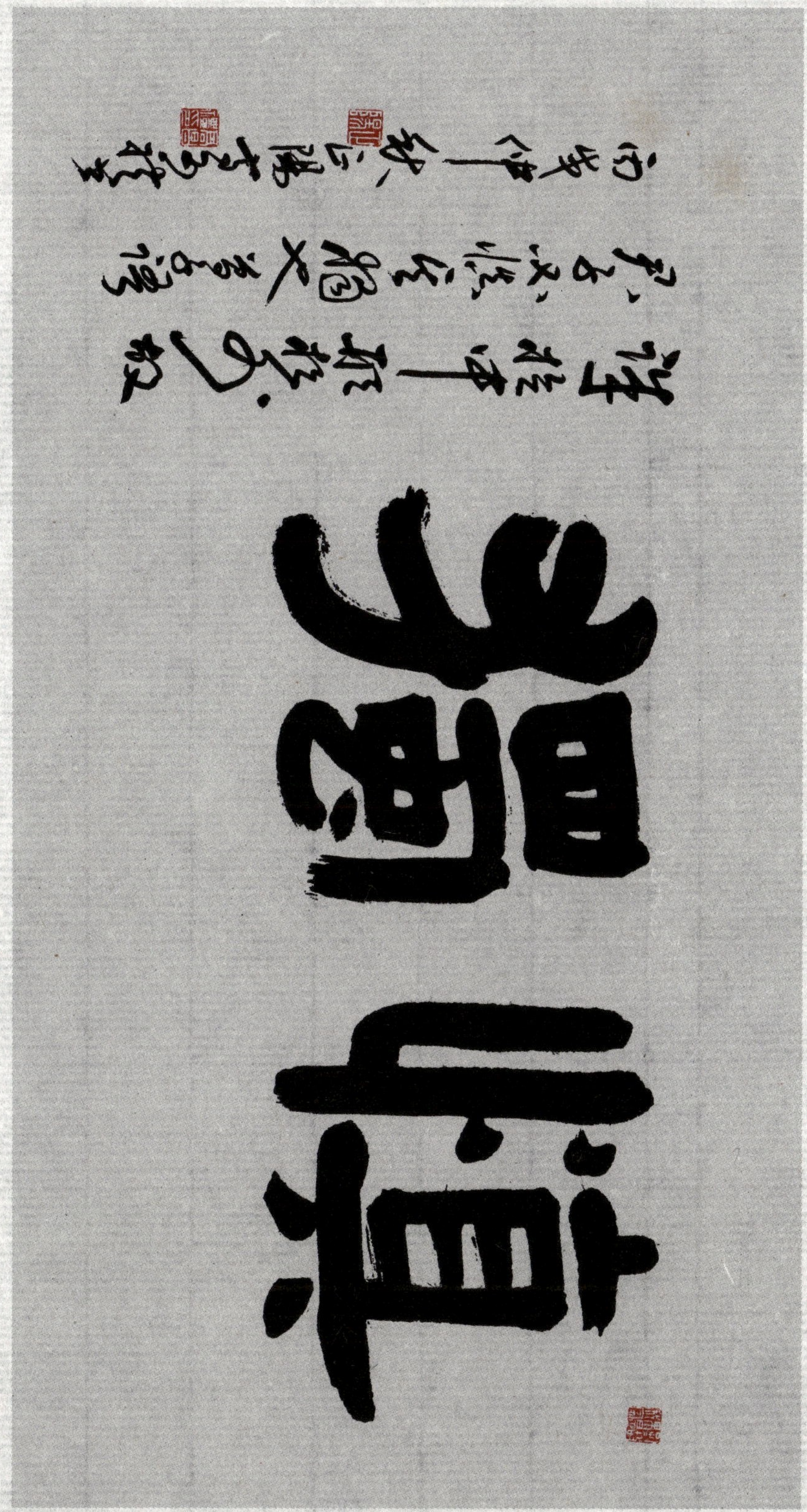

君子 德行成而容 不知 聞識博而辭不爭 知 憲微達而能 不愚 說苑修文

正陽

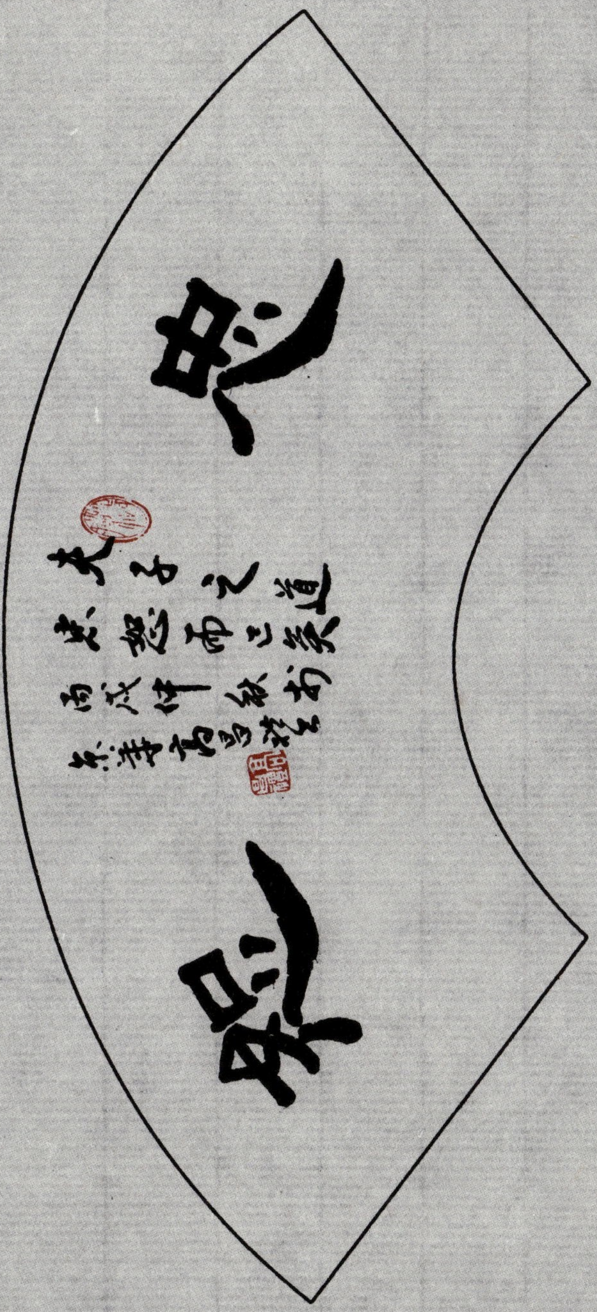

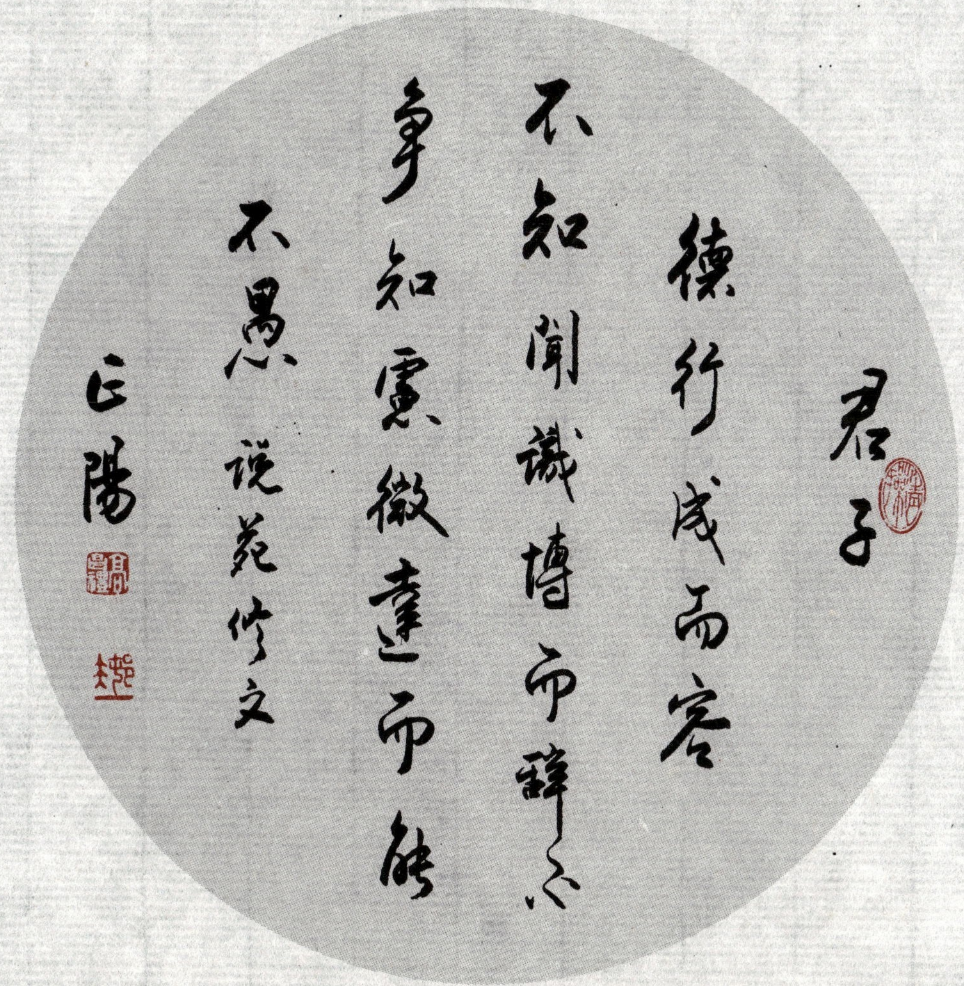

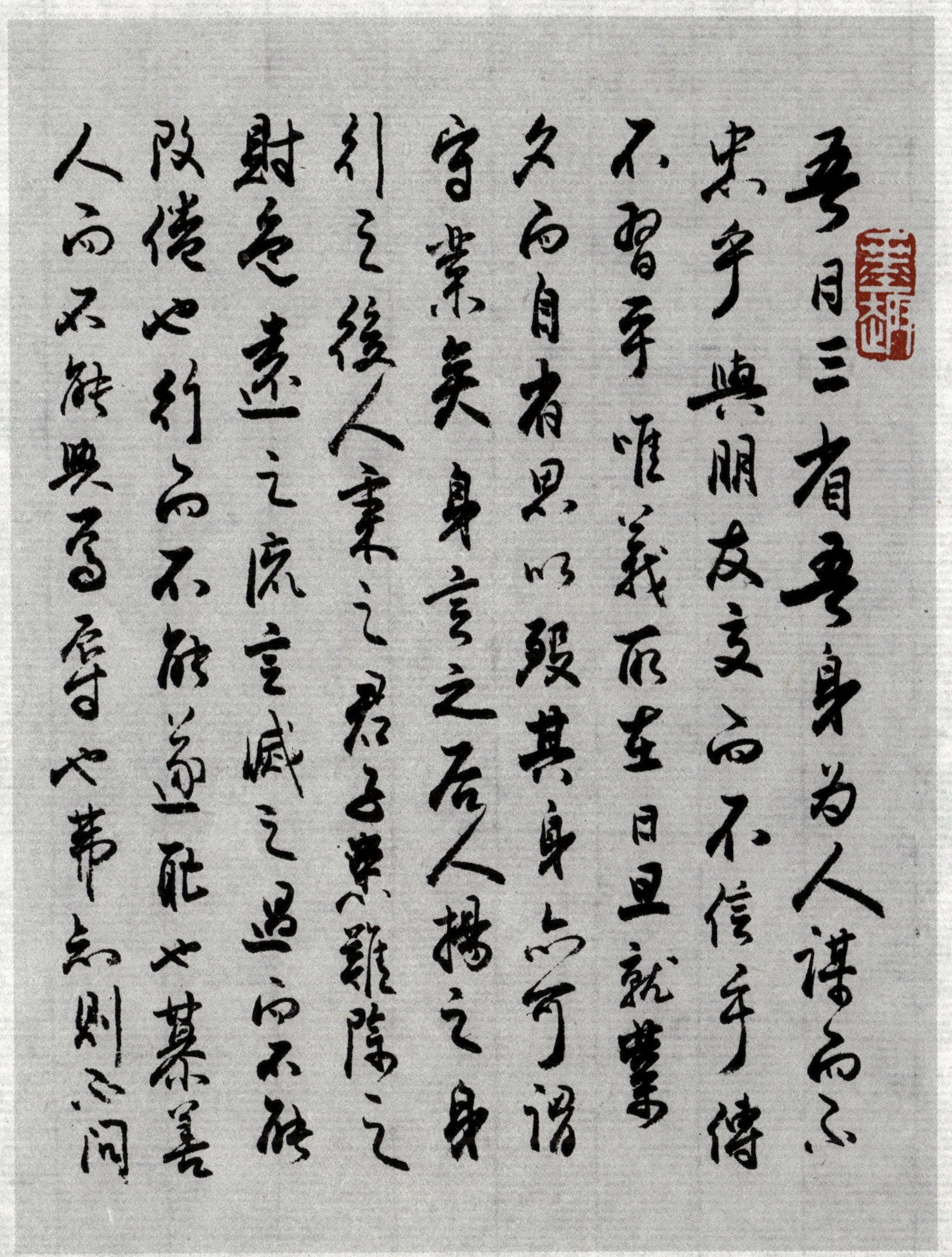
吾日三省吾身為人謀而不
忠乎與朋友交而不信乎傳
不習乎唯義所在日旦就業
夕而自省思以歿其身亦可謂
守業矣身言之後人揚之身
行之後人秉之君子業難除之
財色遠之流言滅之過而不能
改倦也行而不能遂恥也慕善
人而不能與焉辱也弗知則不問

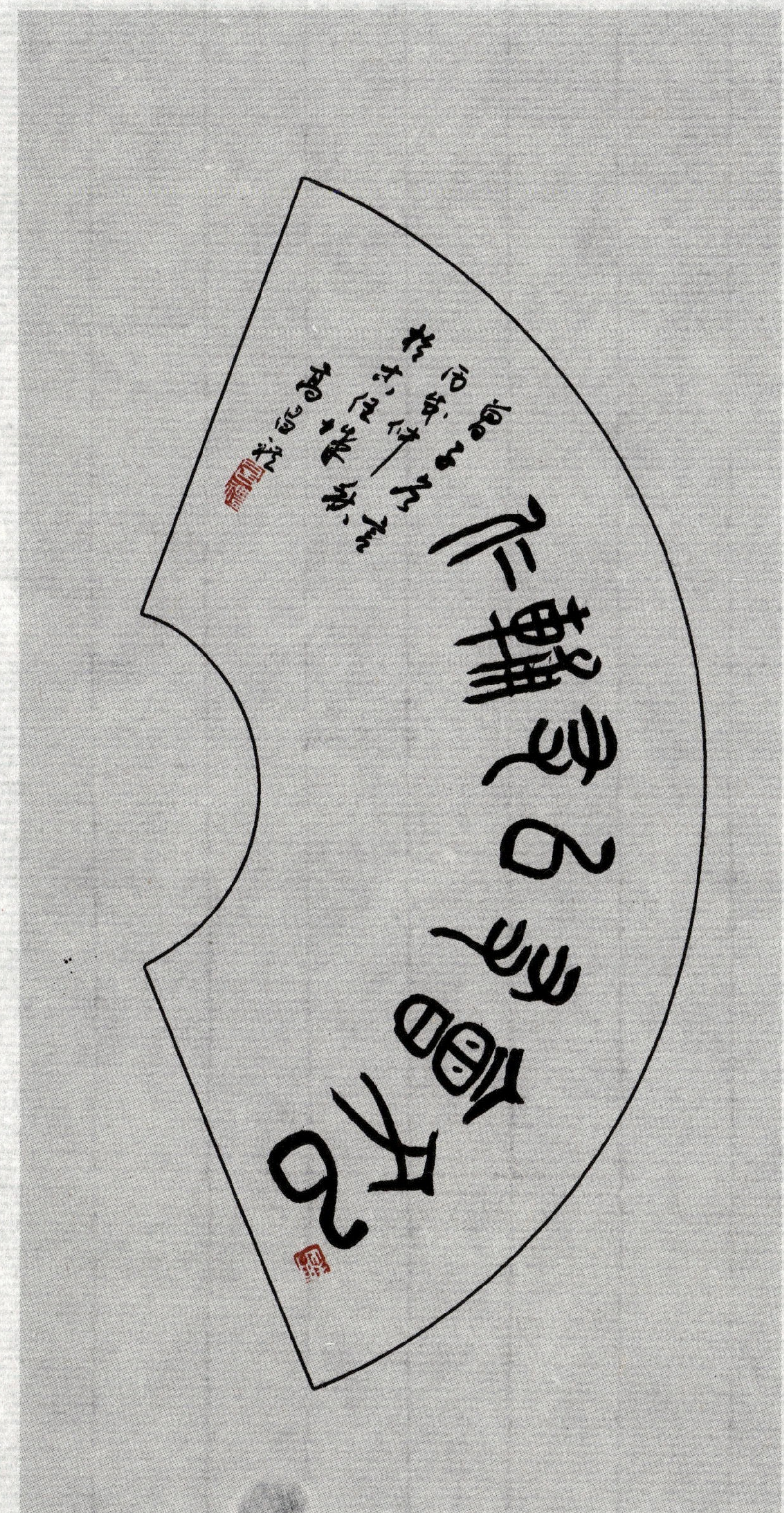

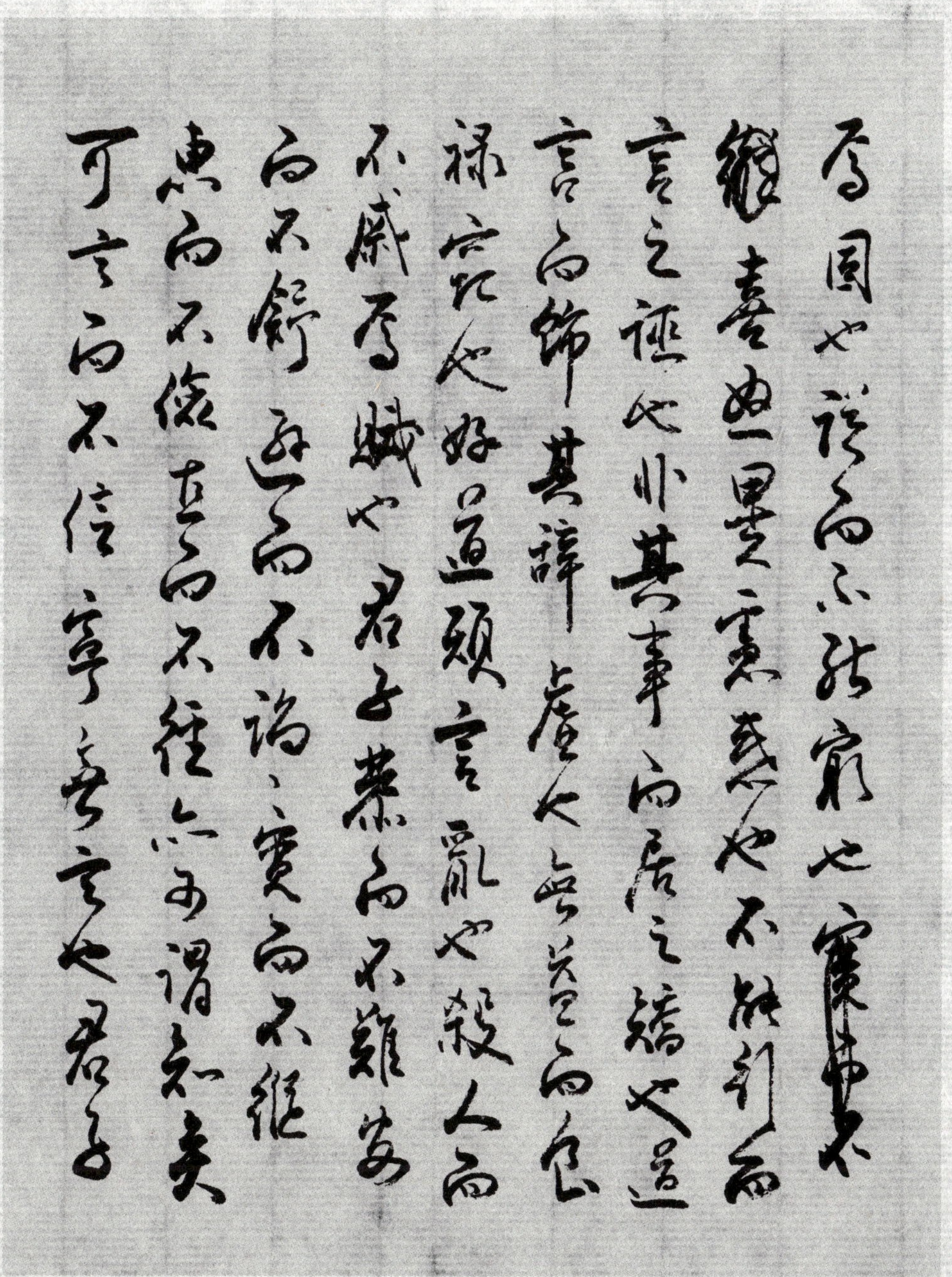

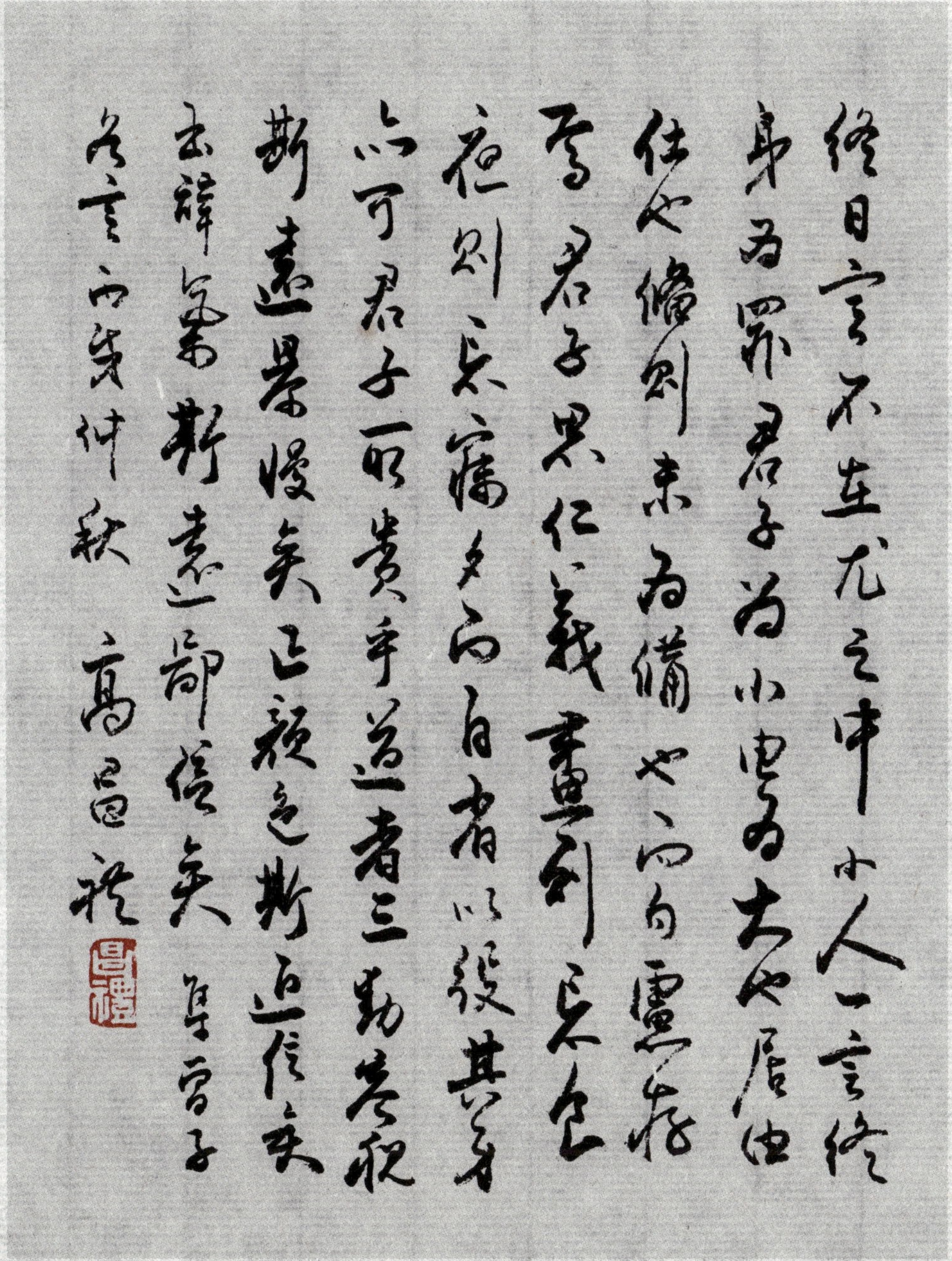

可以託六尺之孤可以寄百里之
命臨大節而不可奪也士不可以
不弘毅任重而道遠不亦重乎
死而後已不亦遠乎臨懼而視其
不恐也怒而觀其不惛也喜而視
其不誣也近諸色而視其不踰也
飲食而觀其有常也利之觀其
能讓也居哀而觀其貞也居約
而觀其不營也勤勞之而觀其

不擾人也弟子無曰不我知也鄙
夫鄙婦相會於牆陰可謂密矣
明日則或揚其言矣故士執仁與
義而明行之未篤故也胡為其
莫之聞也道市無賈在田無野
行無據旅苟若此則夫杖可因
篤焉富以苟不如貧以譽生以辱
不如死以榮辱可避避之而已及
其不可避也君子視死若歸

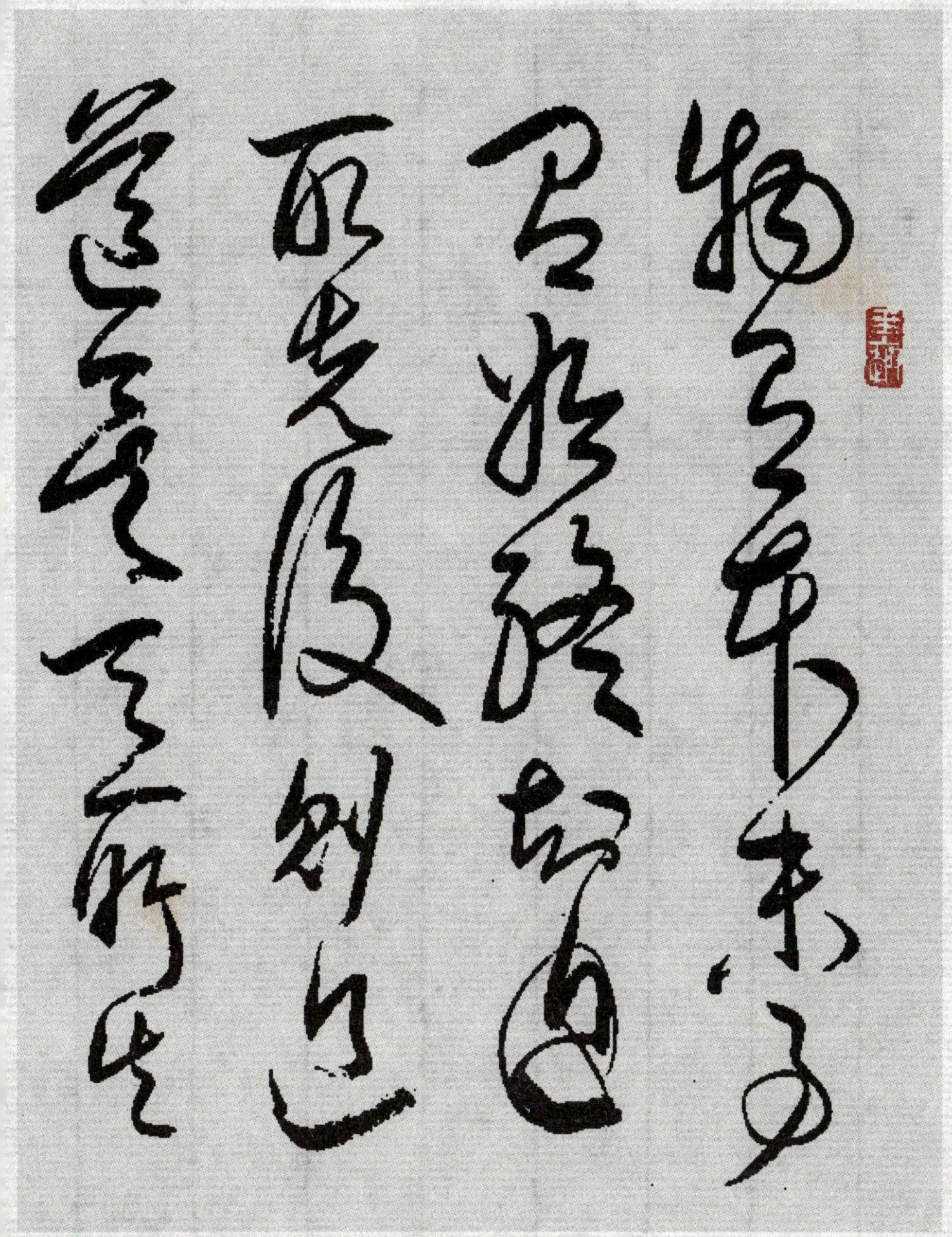

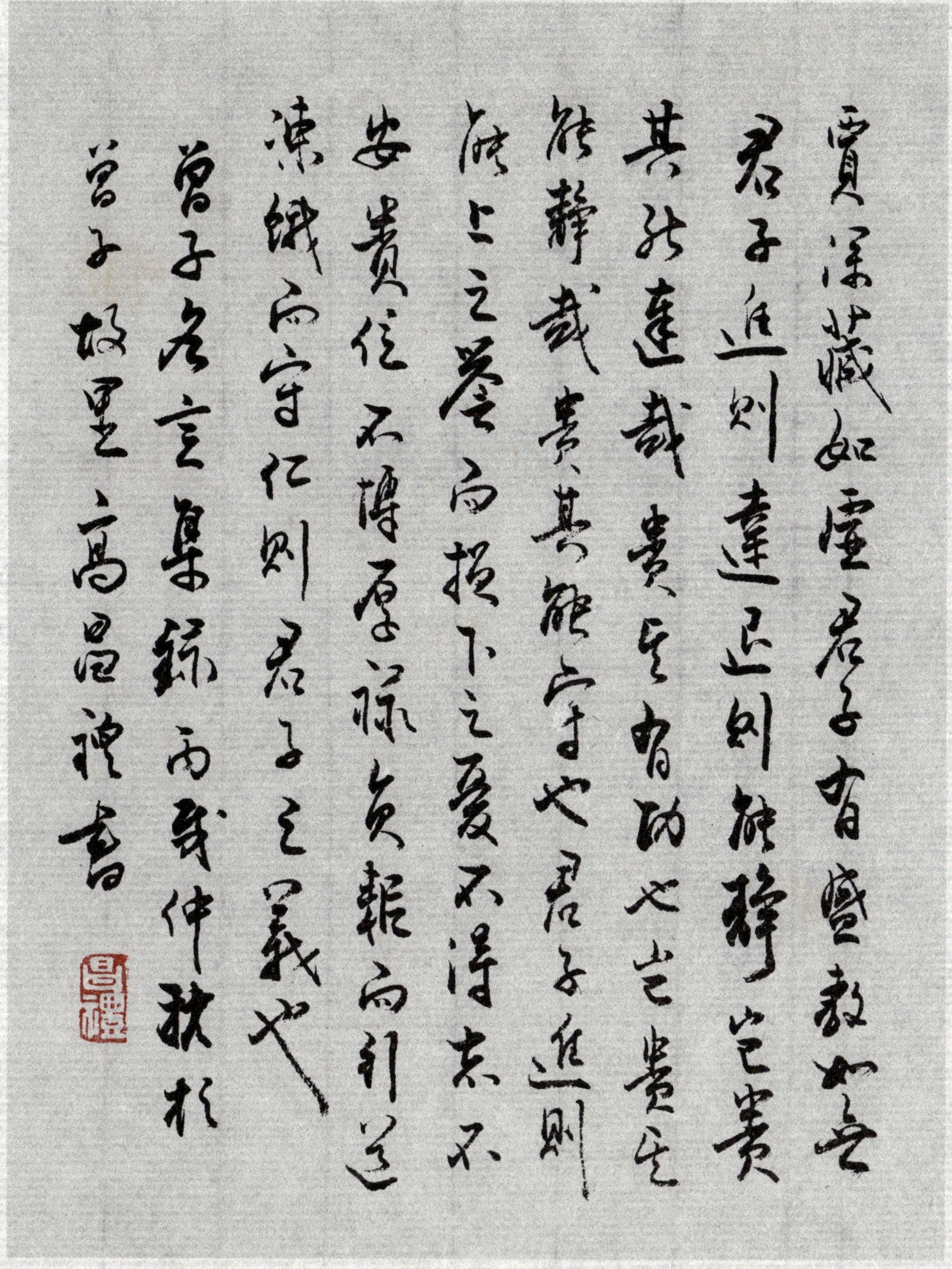
賈深藏如虛君子有盛教如無
君子進則達退則能靜豈貴
其能達哉貴其有功也豈貴其
能靜哉貴其能守也君子進則
能上之譽而損下之憂不得志不
安貴位不博厚祿負耜而行道
凍餓而守仁則君子之義也
曾子名言集錄丙戌仲秋於
曾子故里高昌禮書

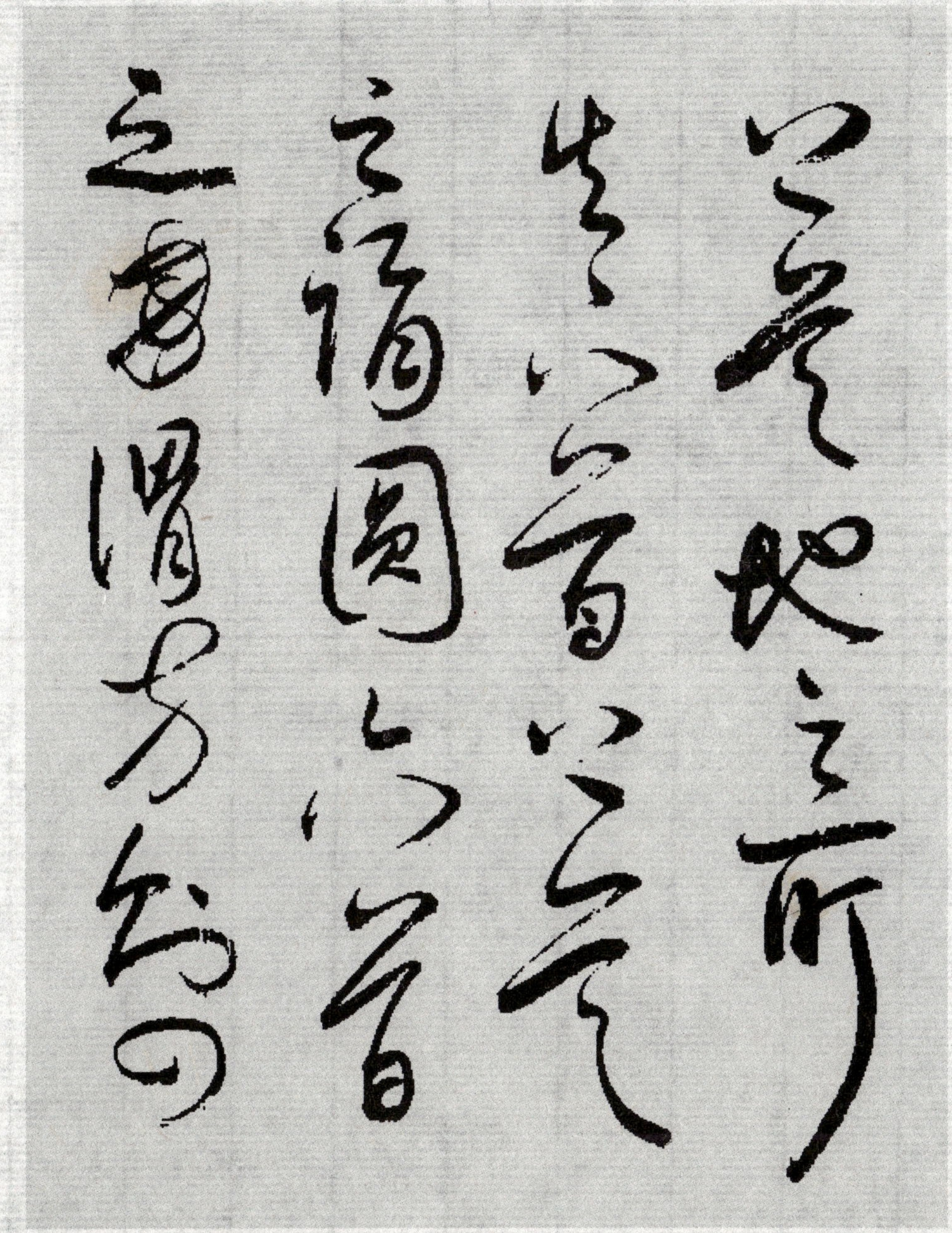

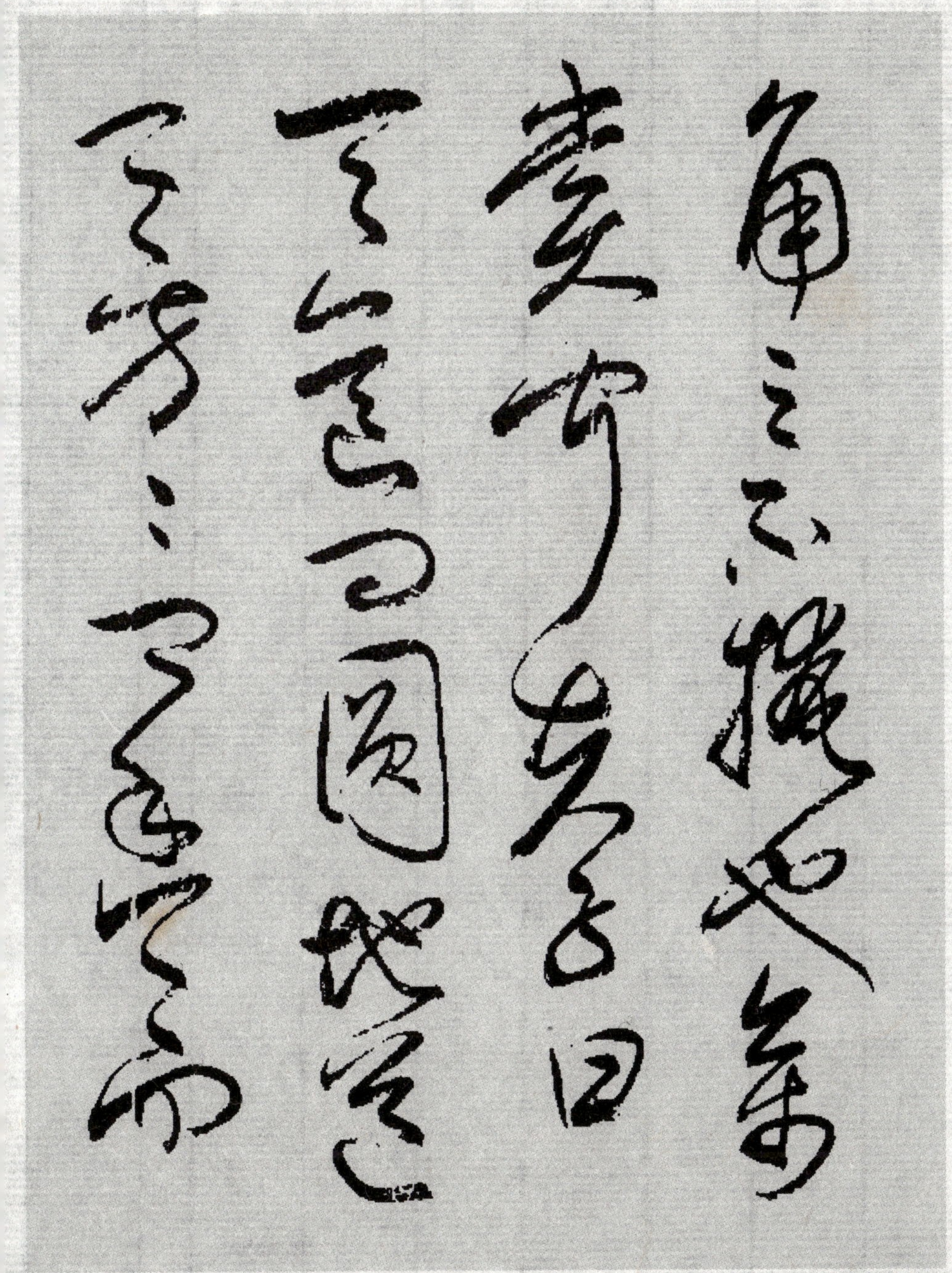

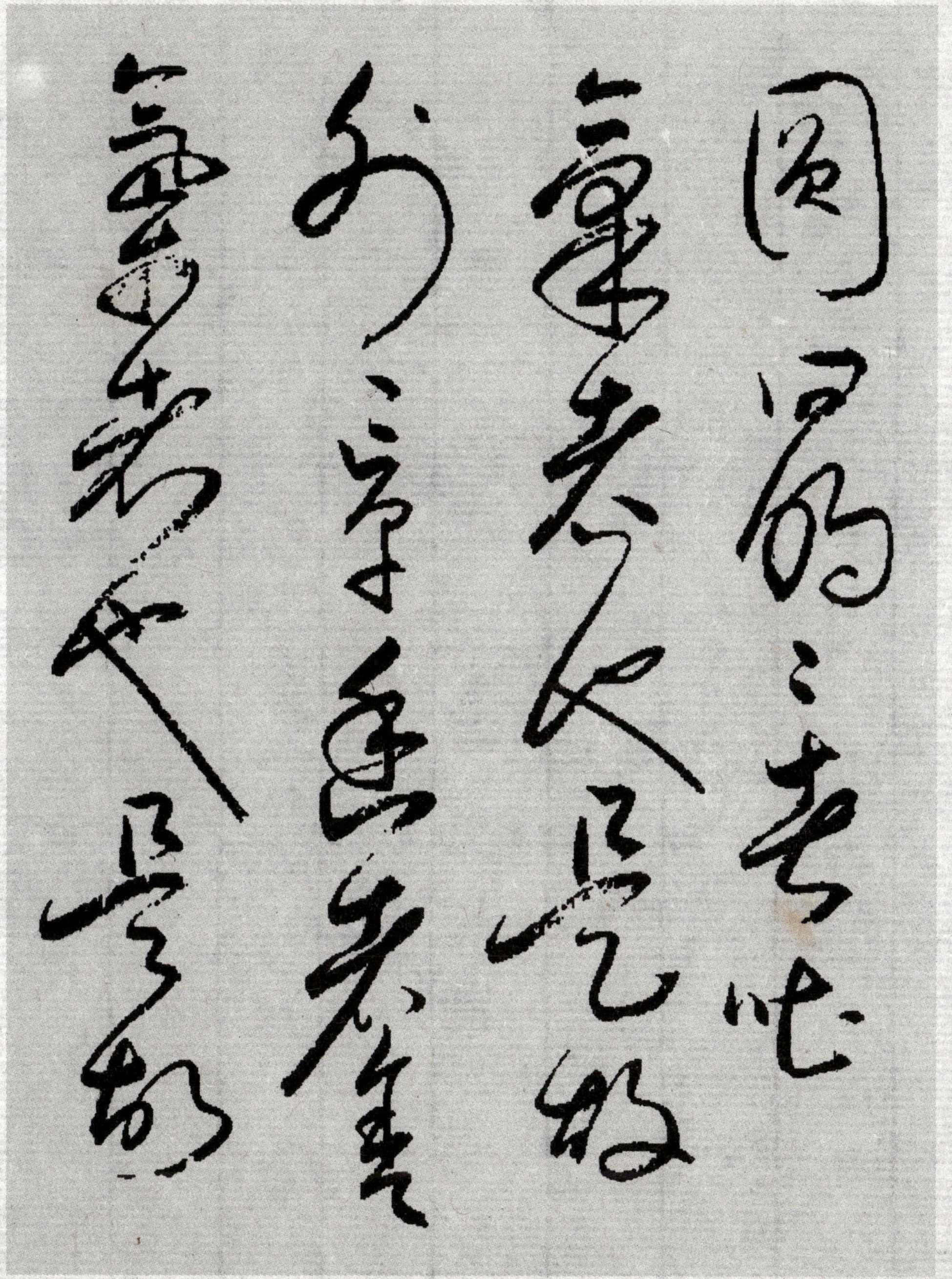

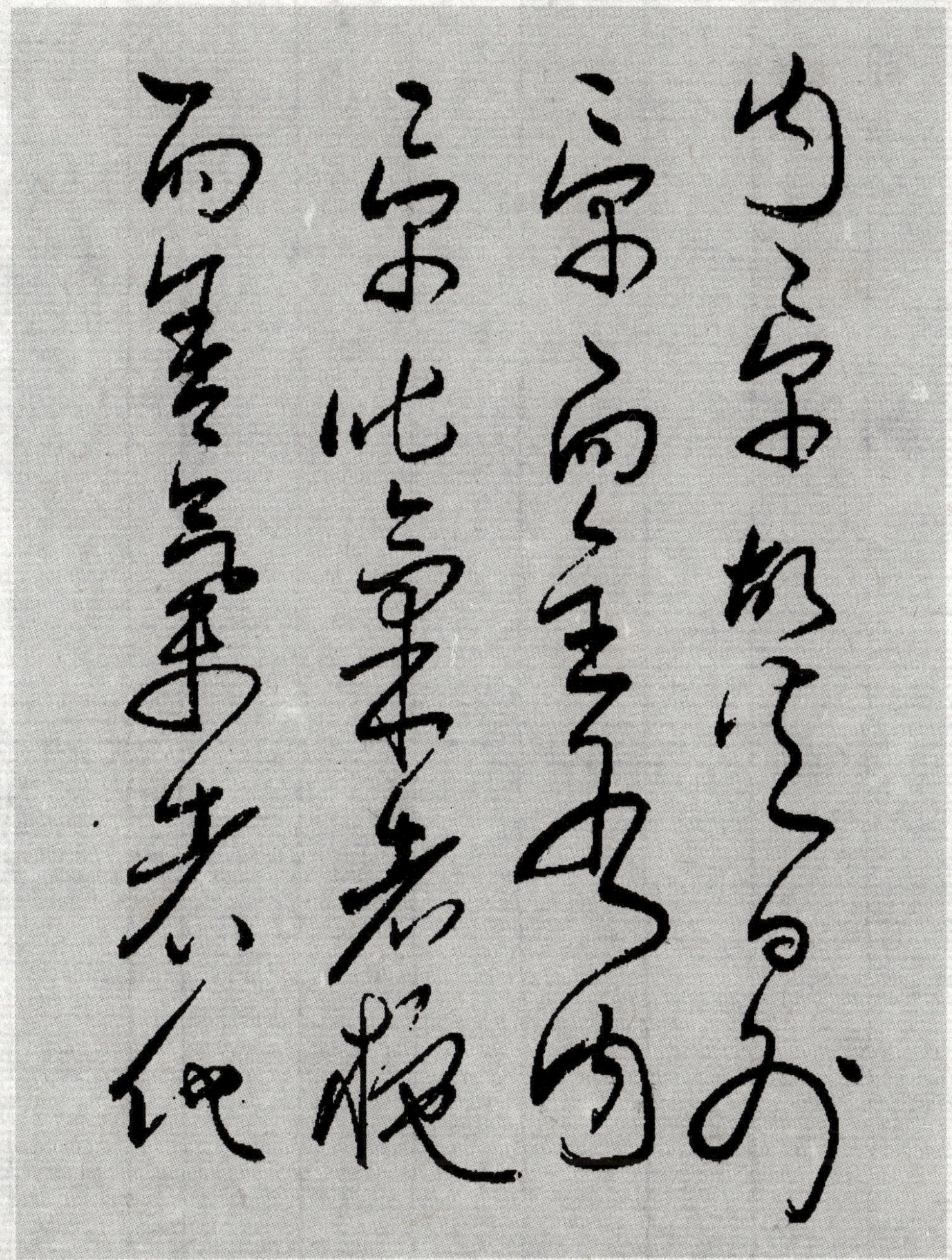

是以陽施而陰化也陽之精氣曰神陰之精氣曰

靈神靈者品物之本也而禮樂仁義之祖也而善否

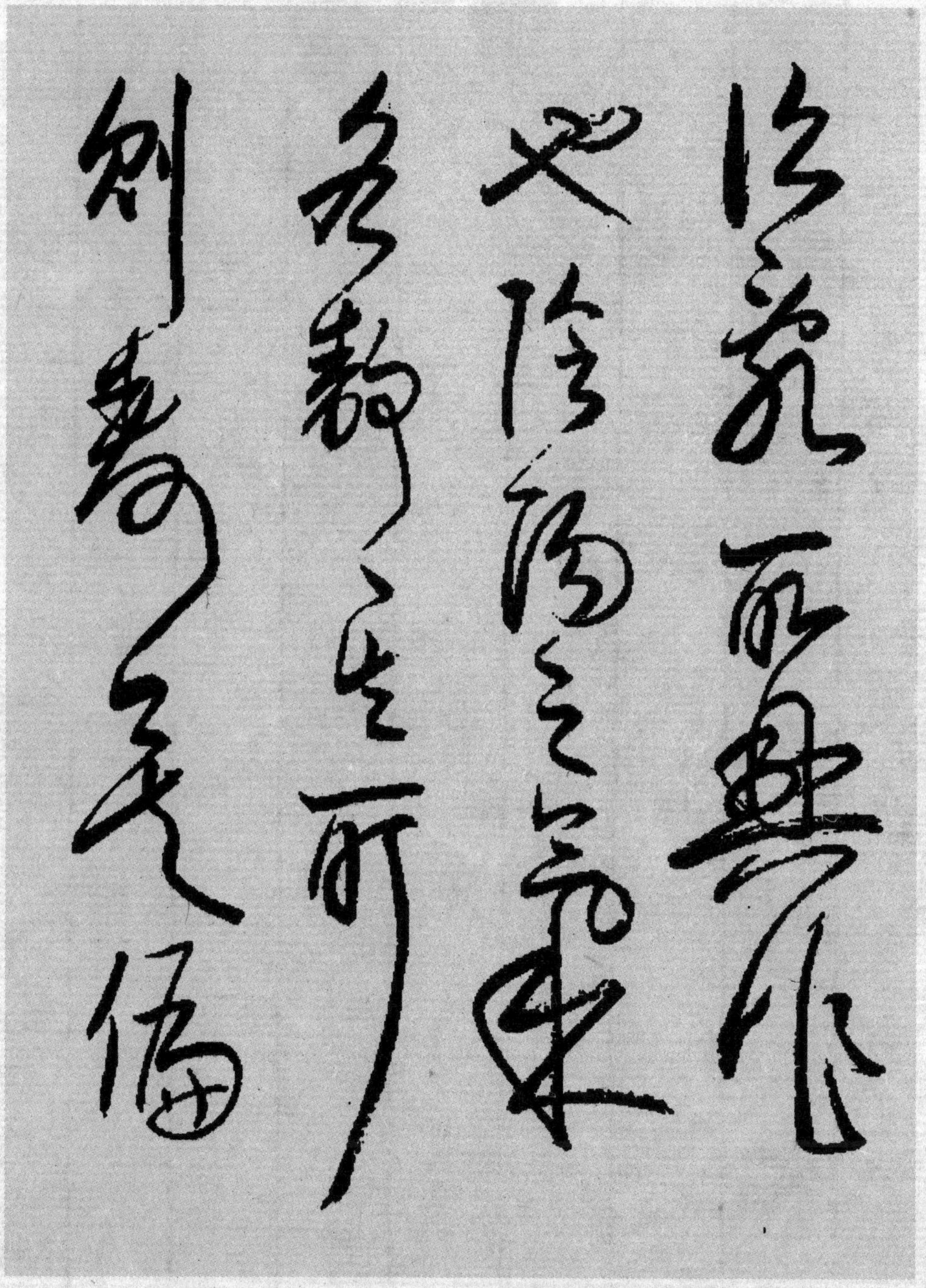

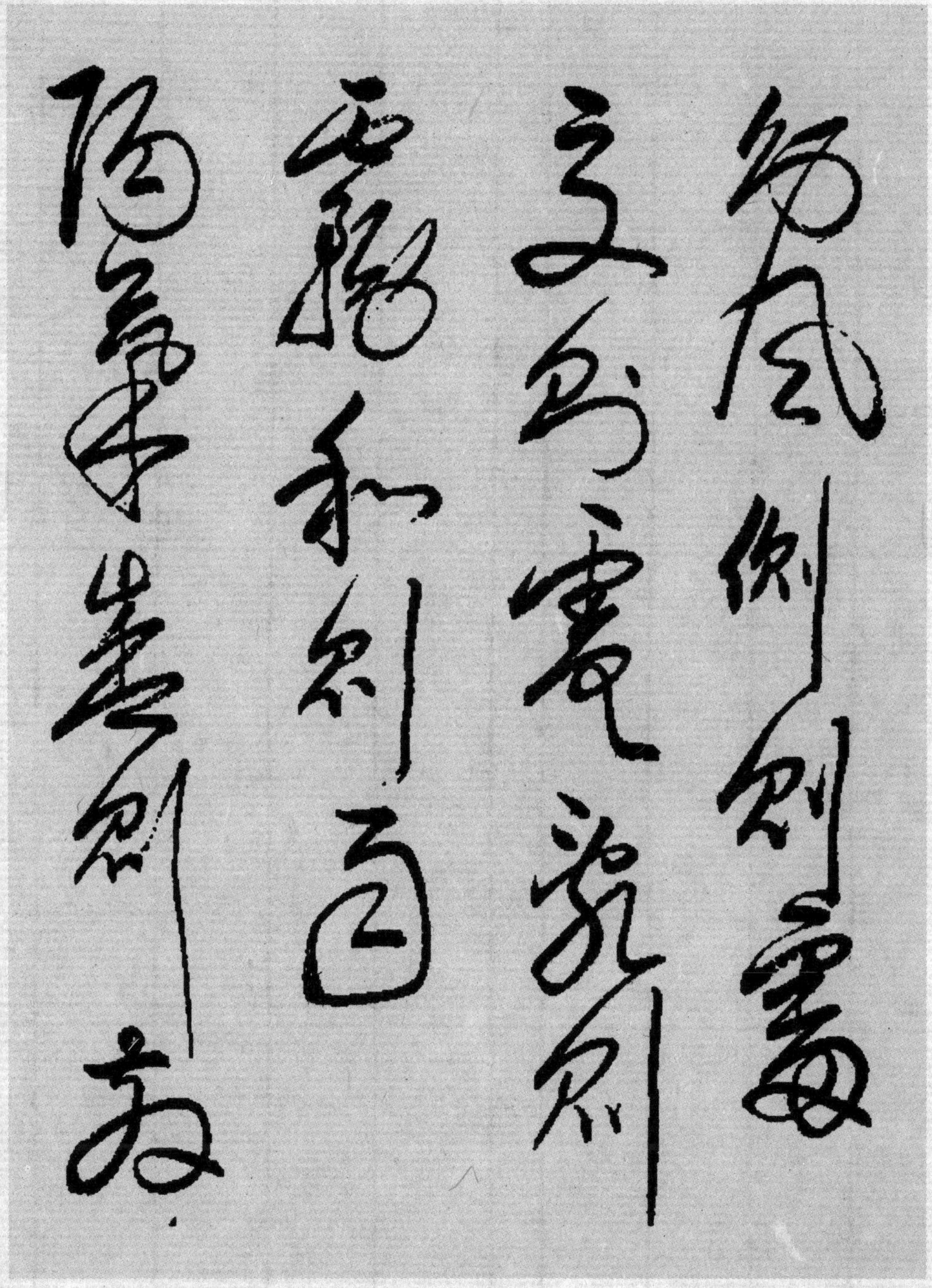

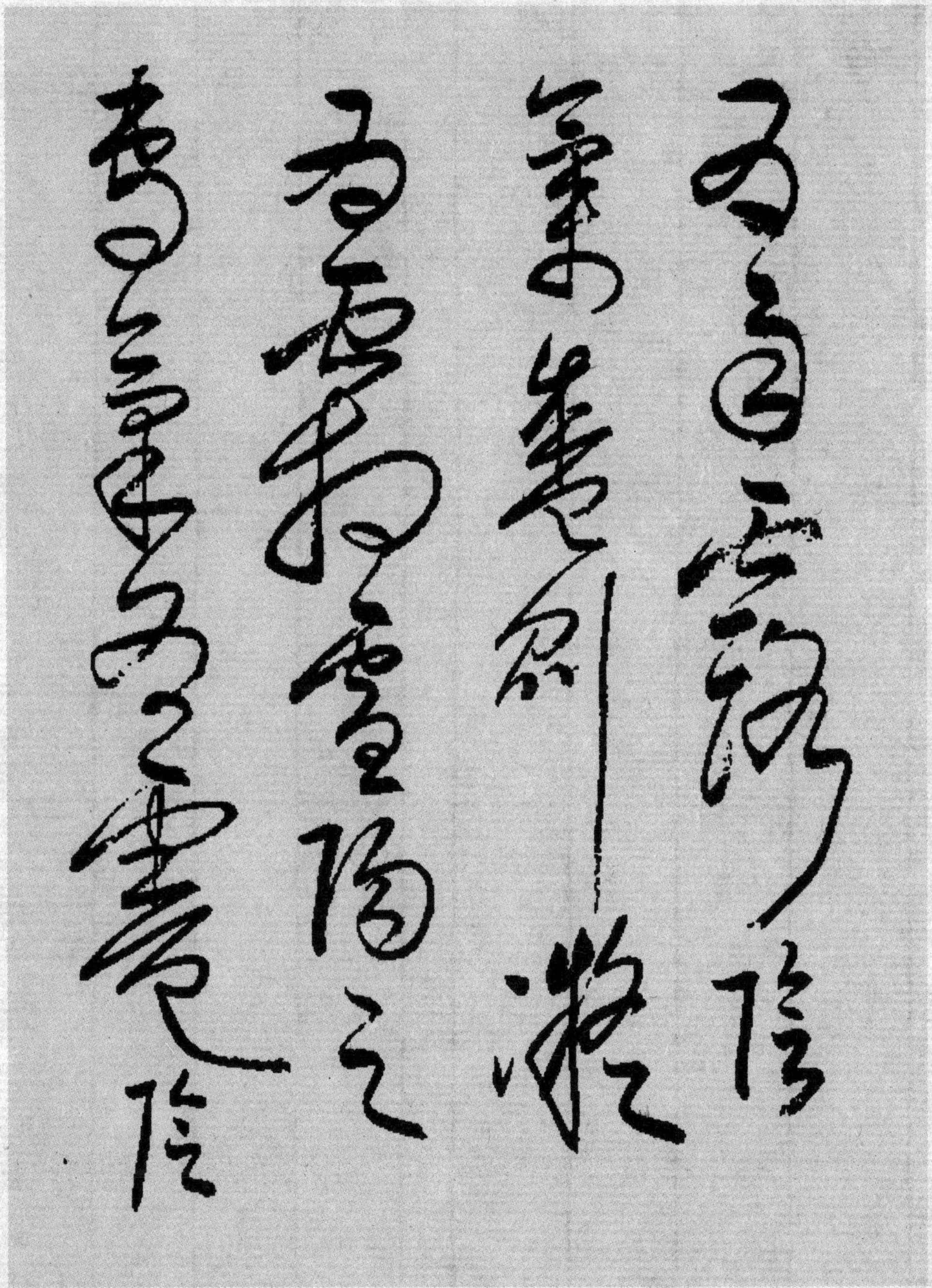

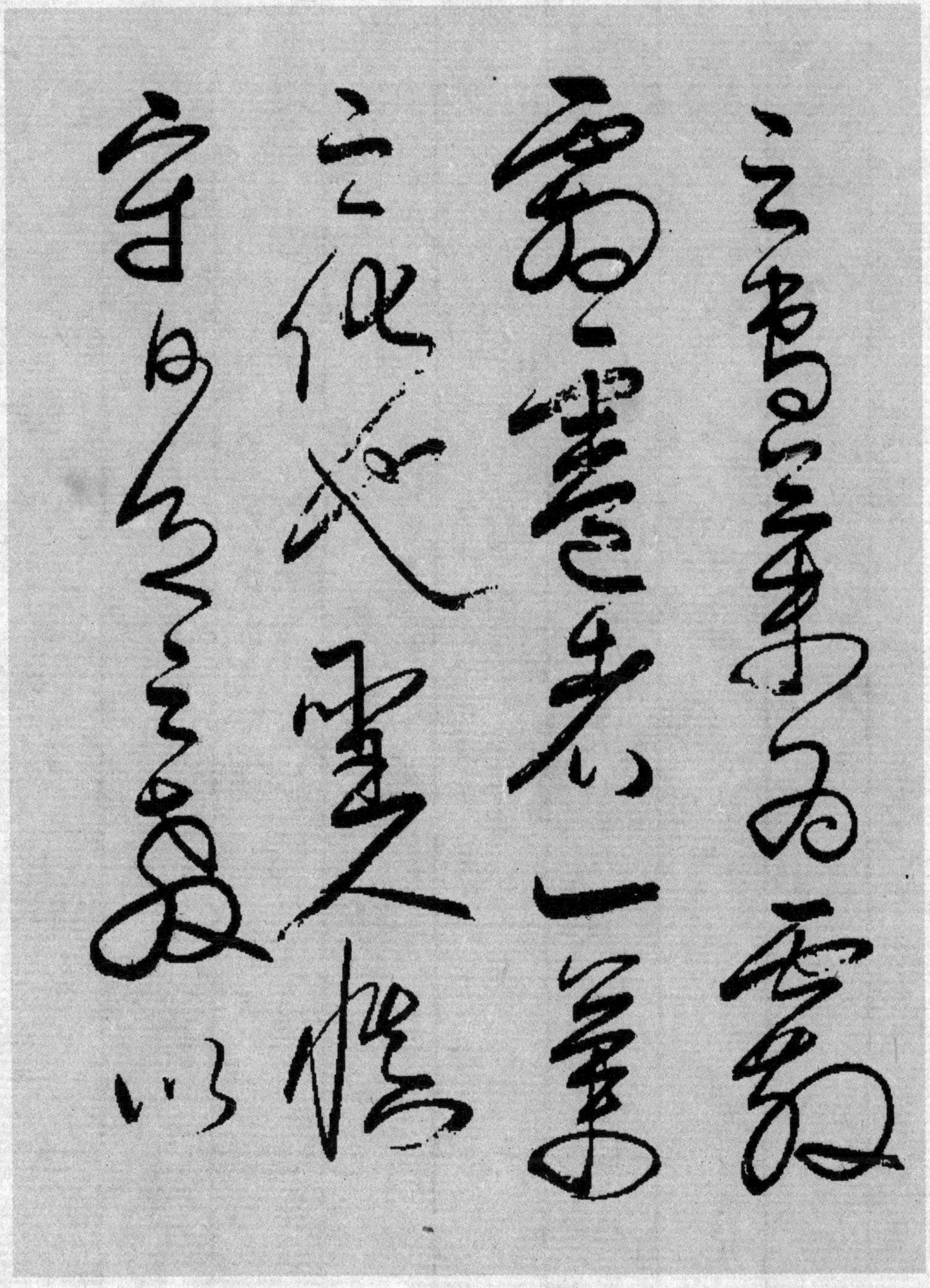

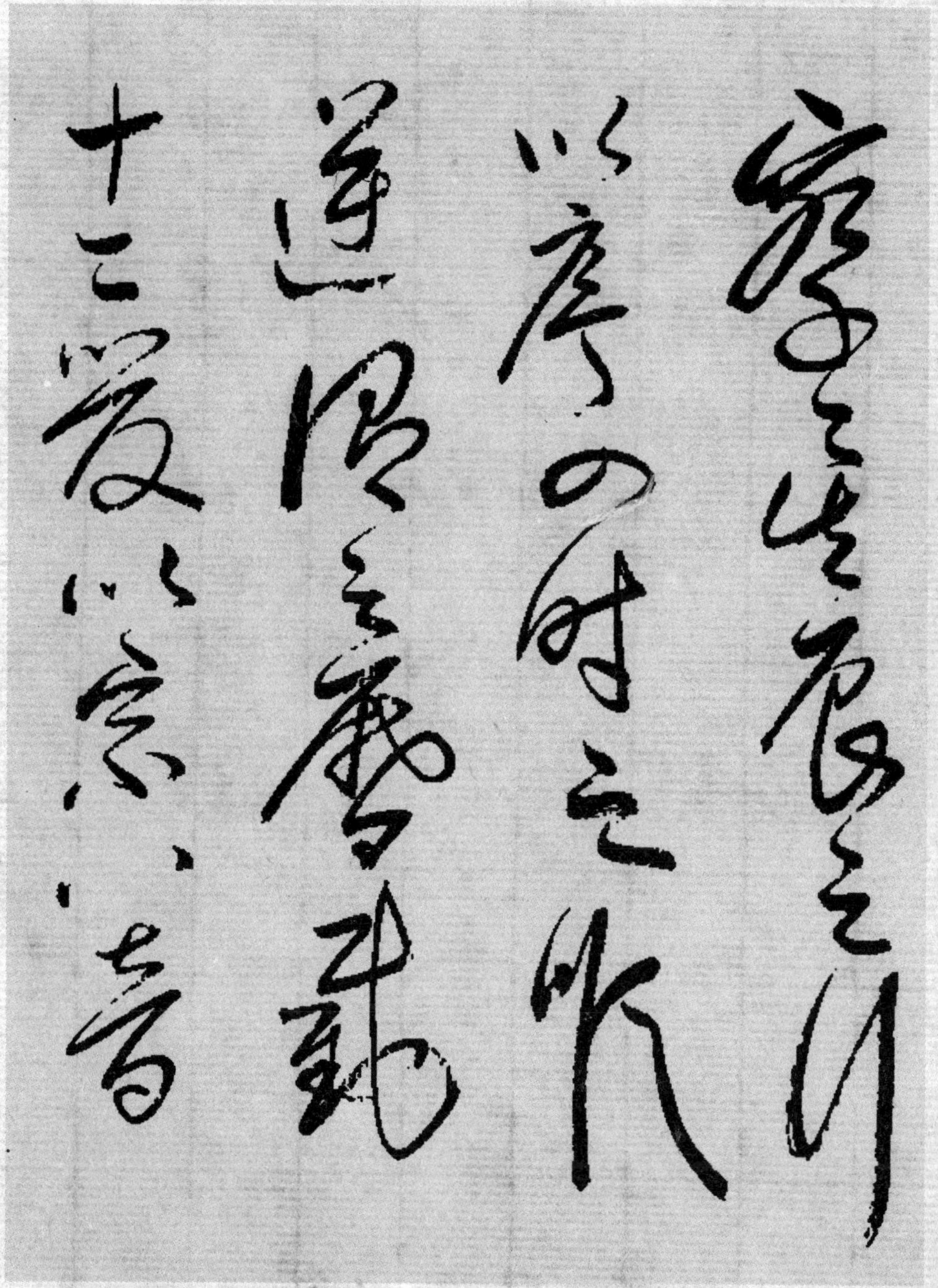

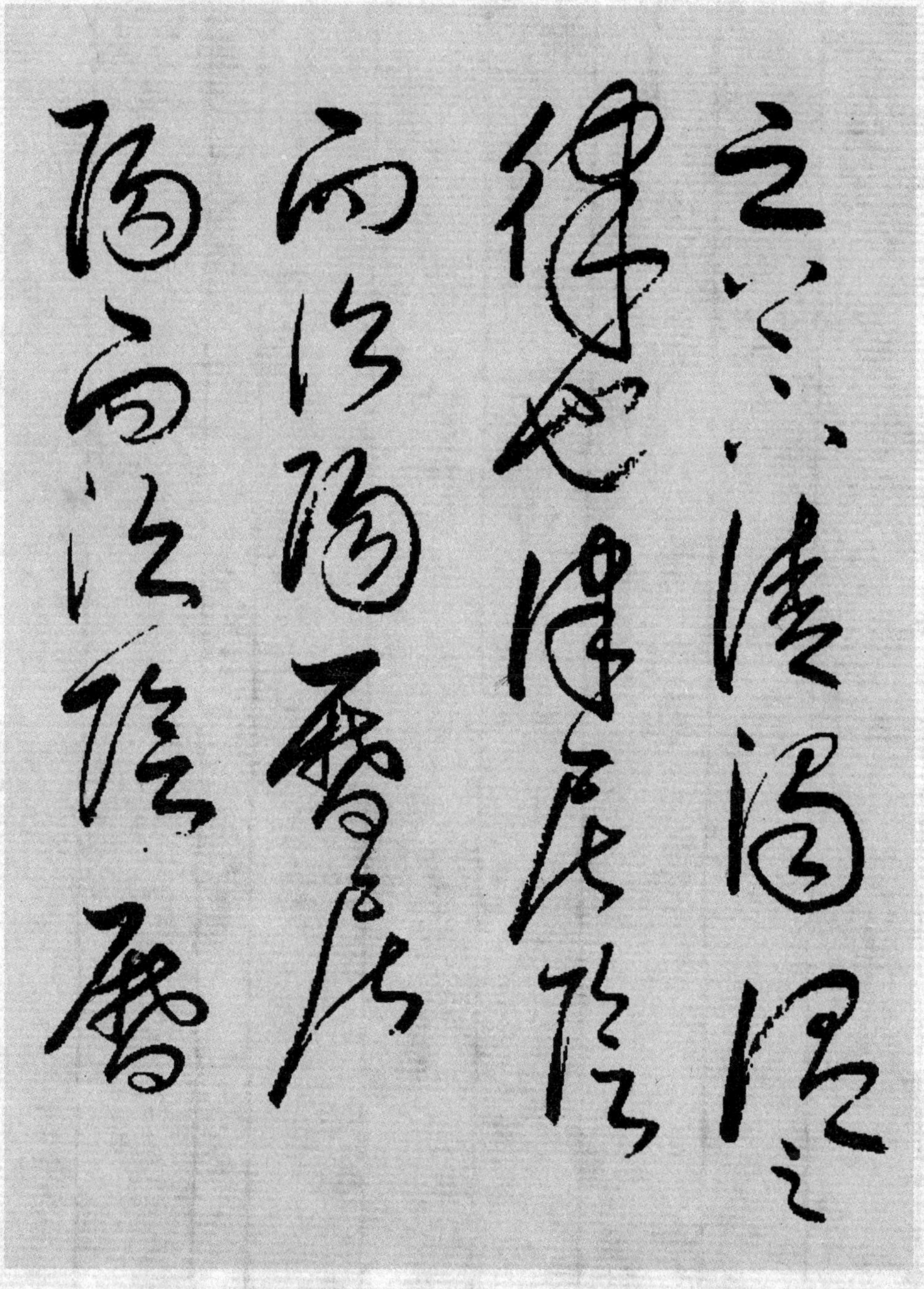

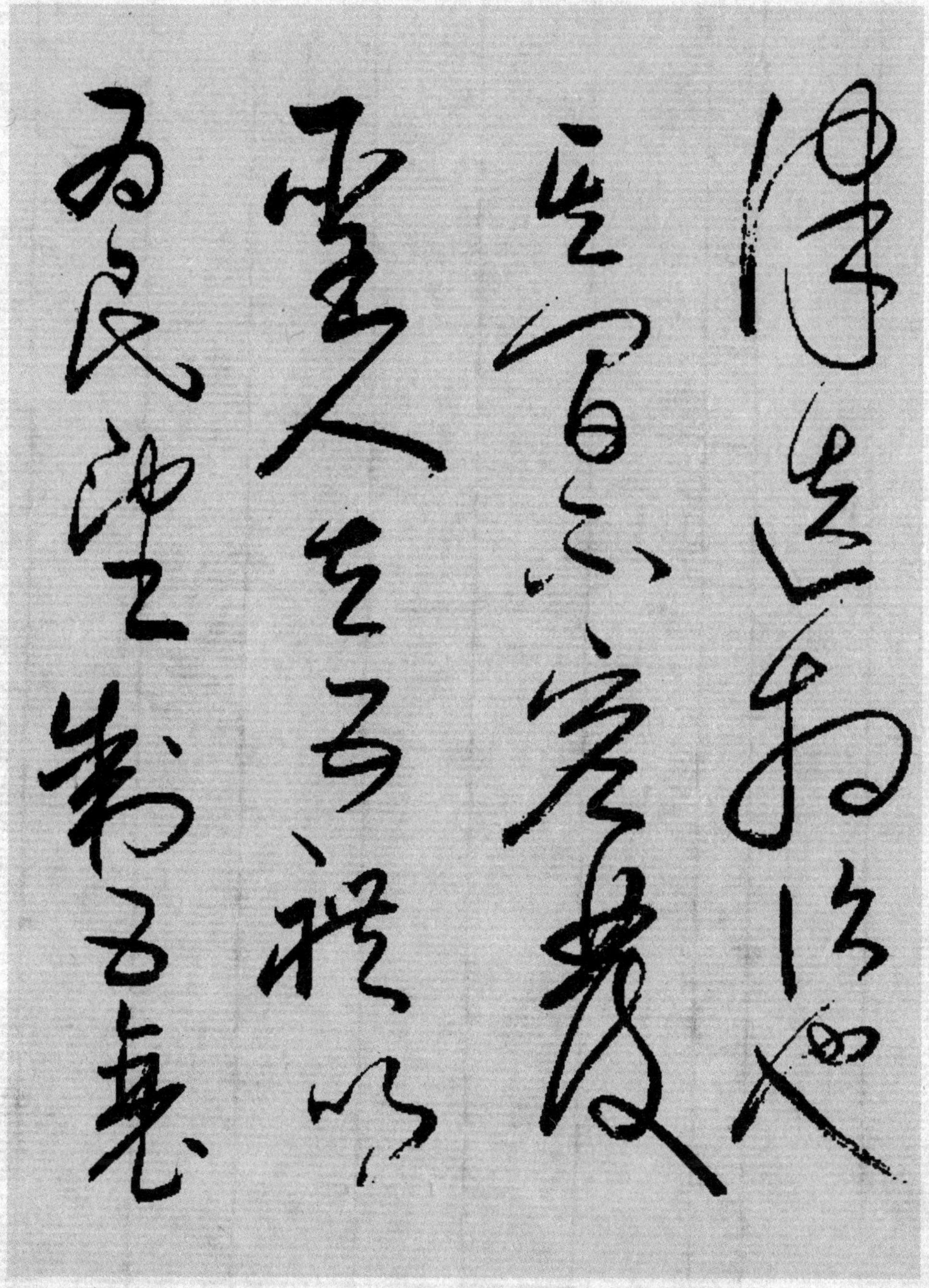

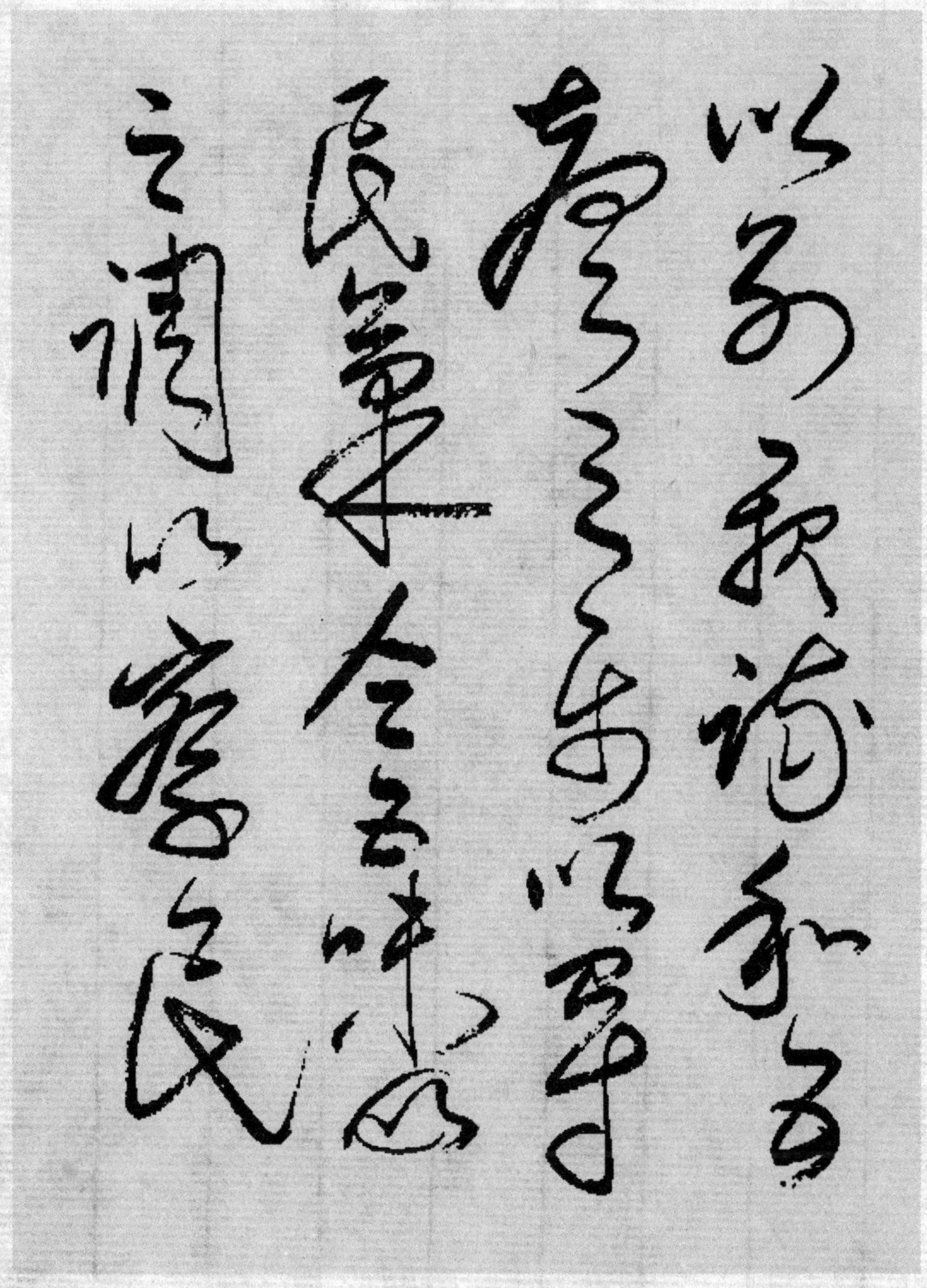

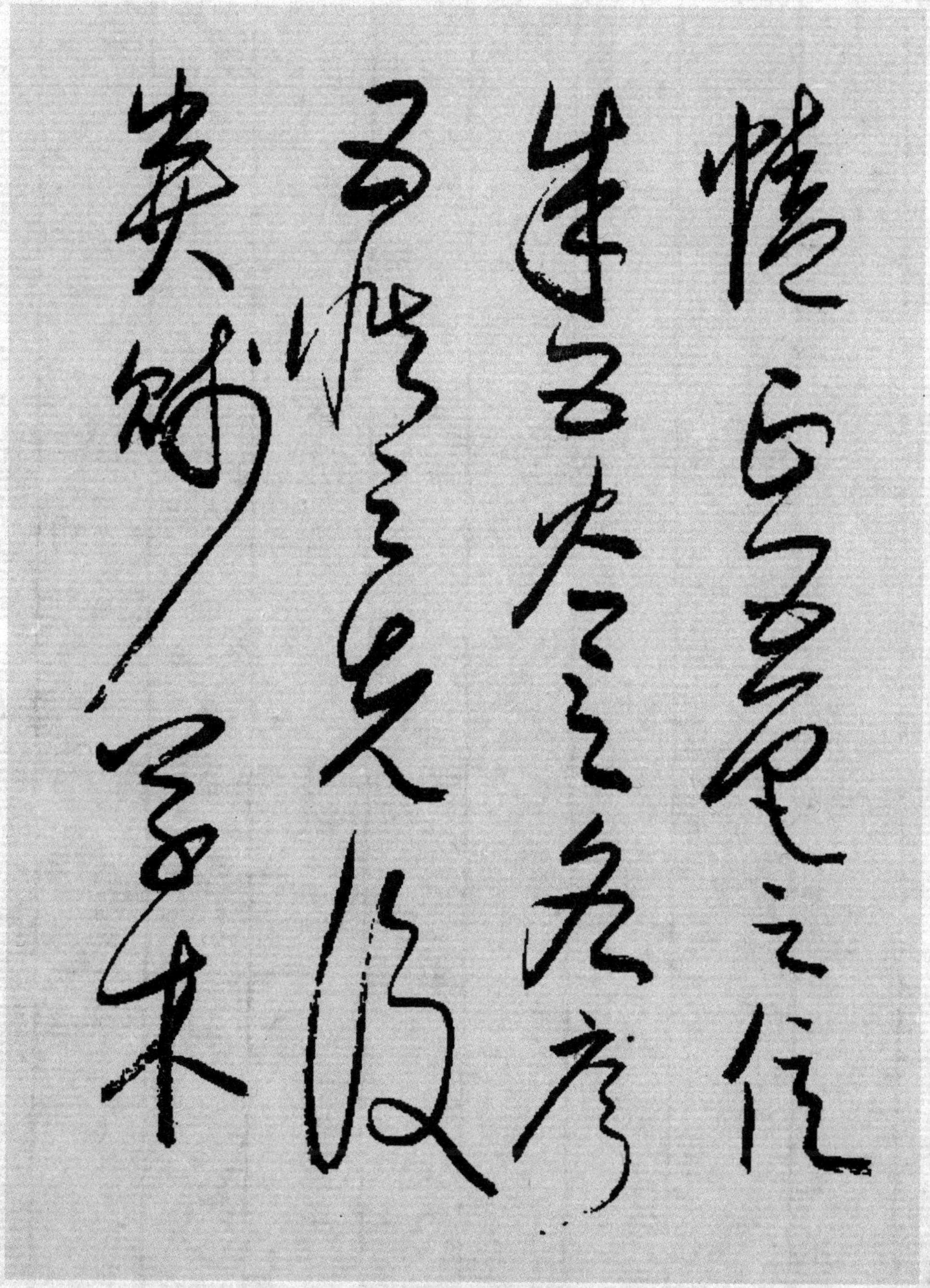

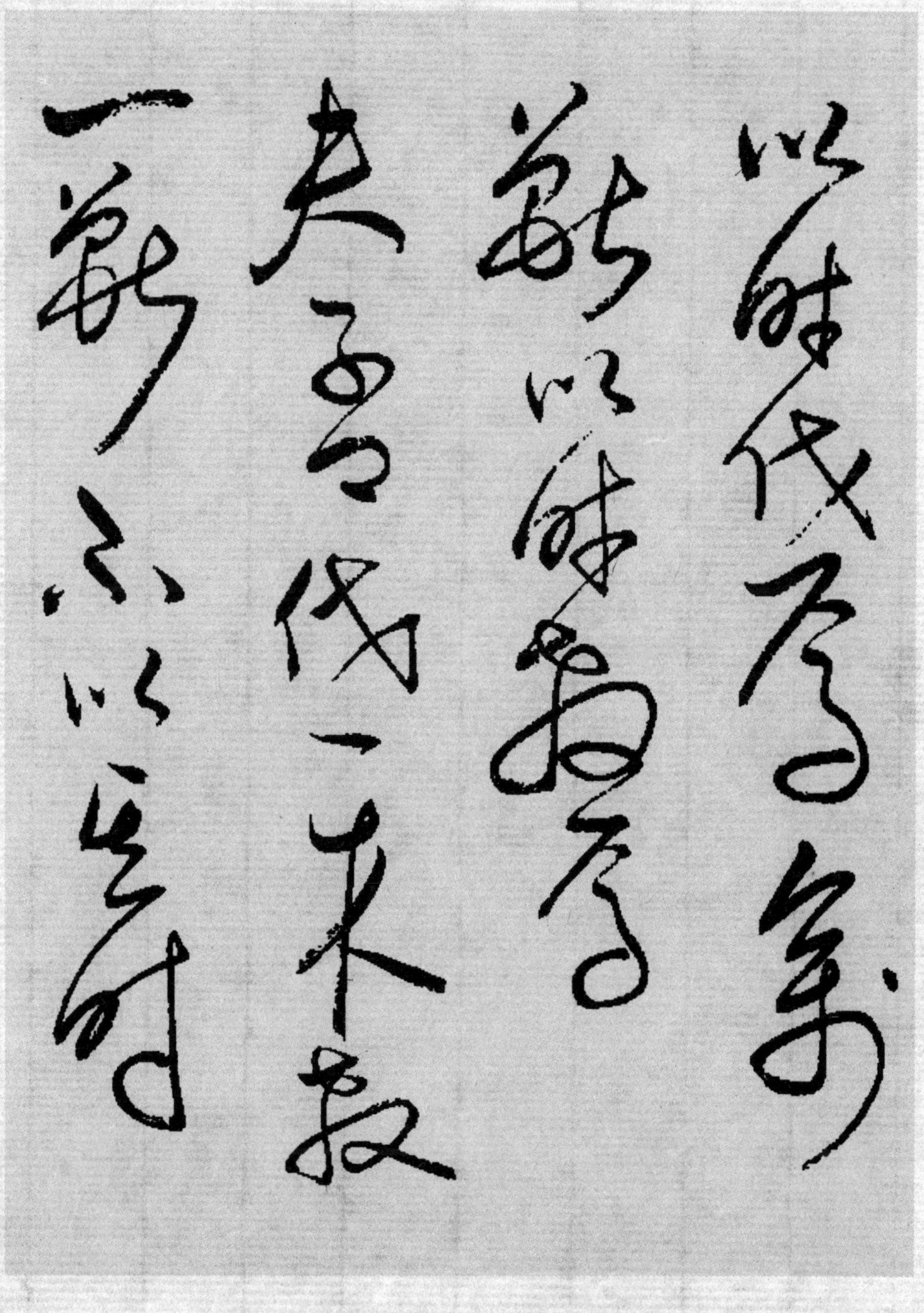

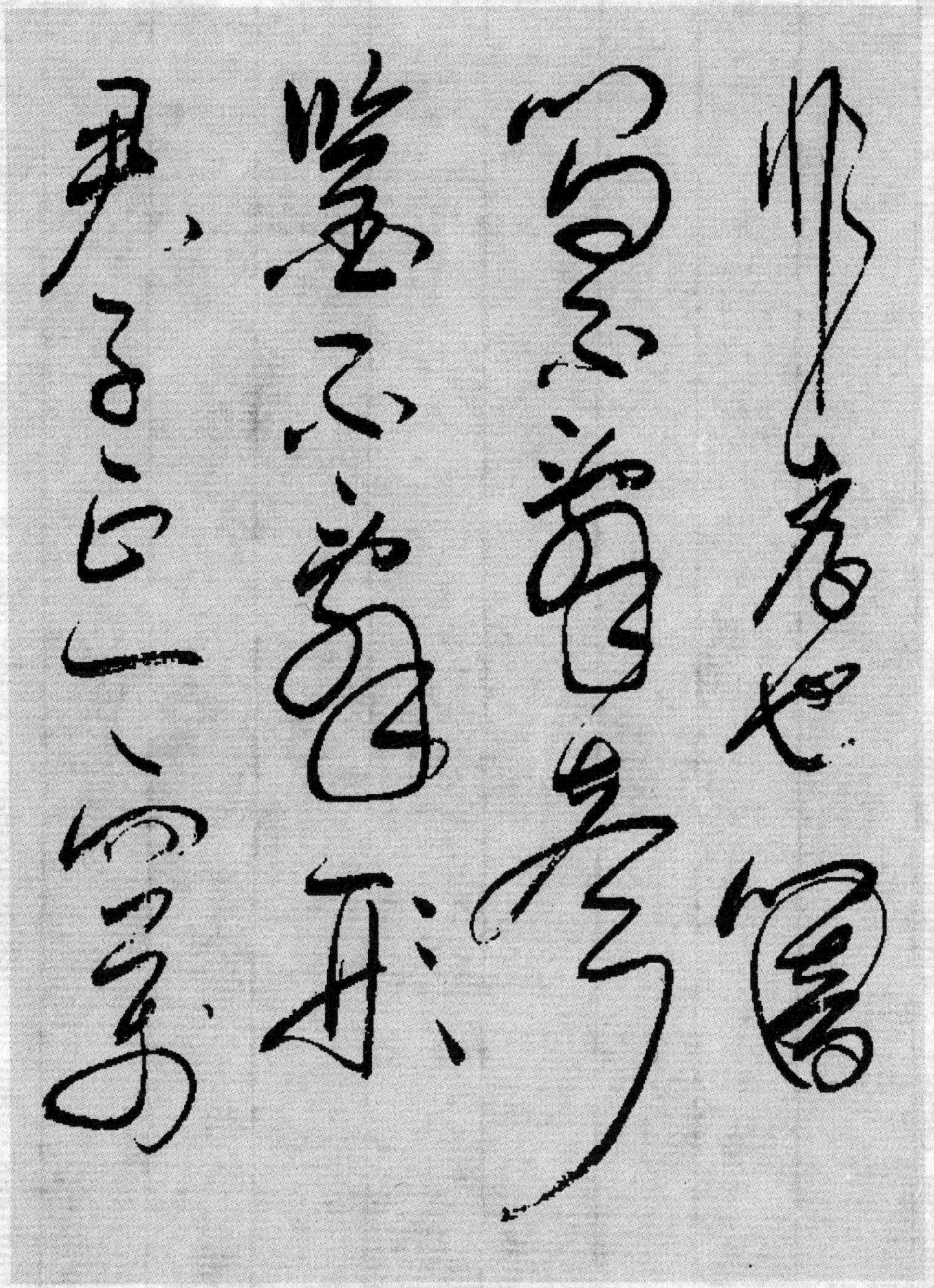

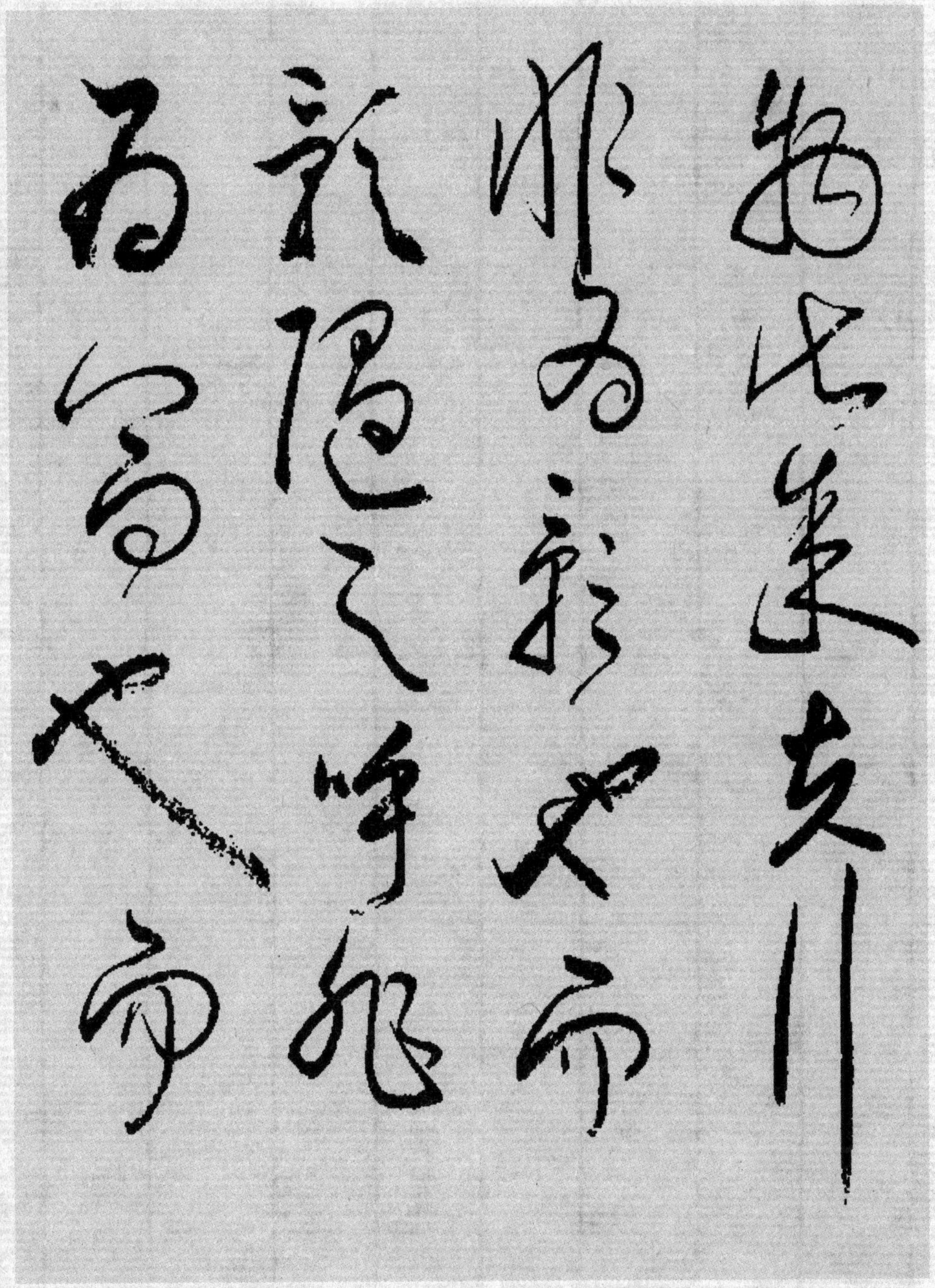

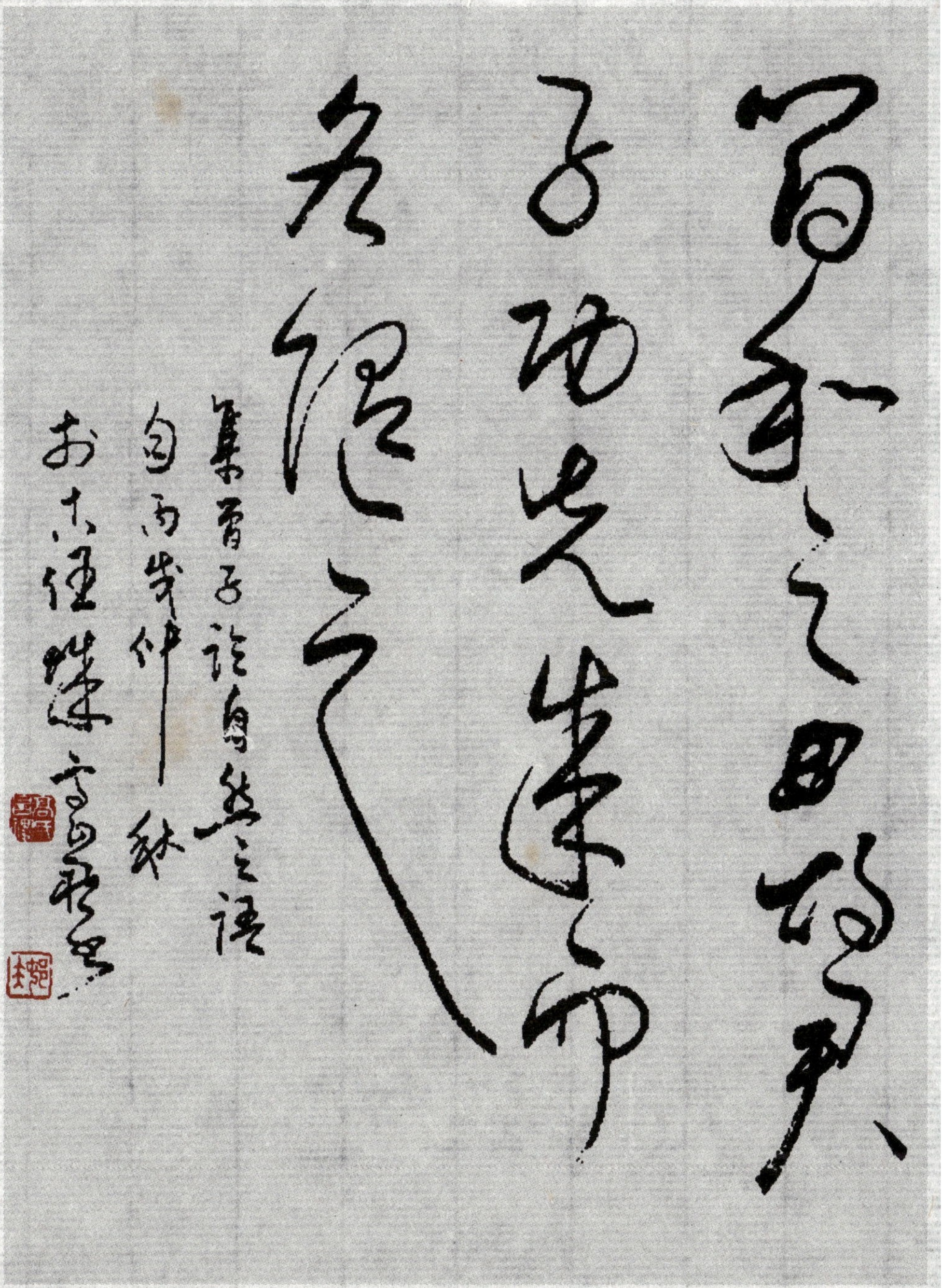

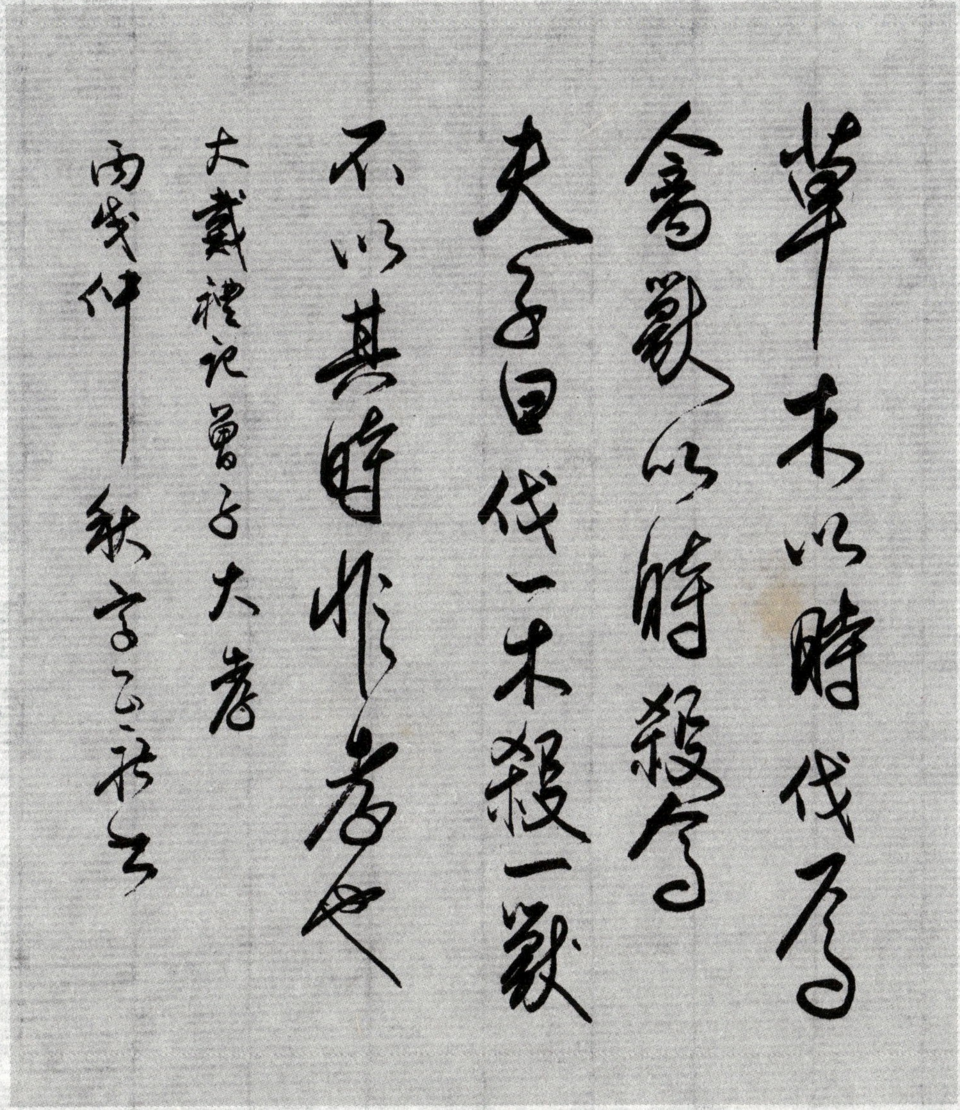
草木以時伐焉
禽獸以時殺焉
夫子曰伐一木殺一獸
不以其時非孝也
大戴禮記曾子大孝
丙戌仲秋

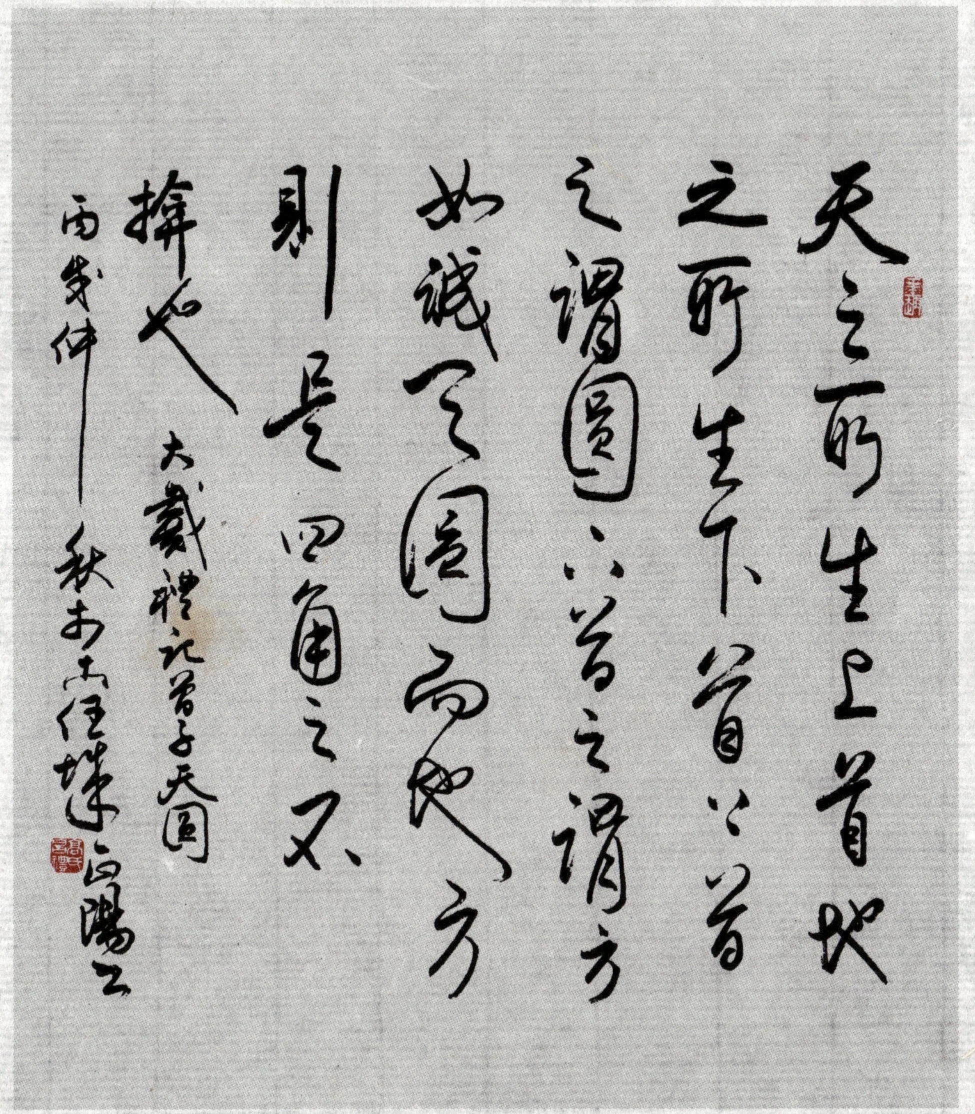
天之所生上首地之所生下首
上首之謂圓下首之謂方
如誠天圓而地方
則是四角之不揜也
大戴禮記曾子天圓

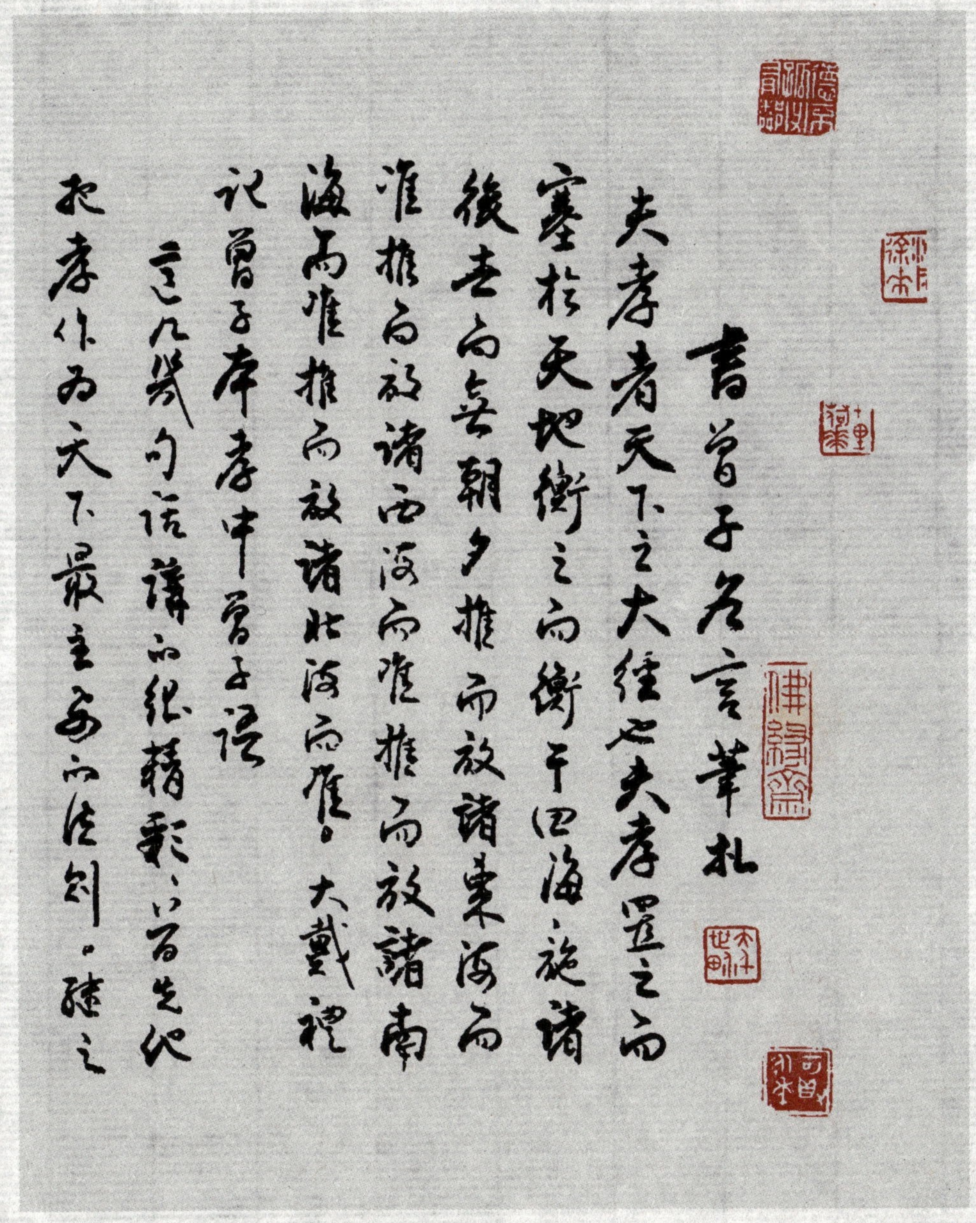
書曾子名言華札
夫孝者天下之大經也夫孝置之而
塞於天地衡之而衡于四海施諸
後世而無朝夕推而放諸東海而
准推而放諸西海而准推而放諸南
海而准推而放諸北海而准 大戴禮
記曾子大孝中曾子語

讲孝是放之四海而皆准的，是延续到后世一朝一夕都存在的行为准则，这个原则过去不过时，现在不过时，永远都不会过时。

天之所生，地之所养，人为大矣——

大戴礼记 曾子大孝

某者其孝之本與——文月之

天地之间人最贵，是最伟大的，人，孝是根本，发自对父母内心之热爱，则是行孝道之根本

孝子之養老也，樂其心不違其志，樂其耳目，安其寢處，以其飲食忠養者——禮記內則 曾子語

往而不可還者親也，至而不可加者年也，是故孝子欲養而親不待也，木欲直而時不待也，是故椎牛而祭墓不如雞豚逮親存也——

韓詩外傳卷七 曾子語

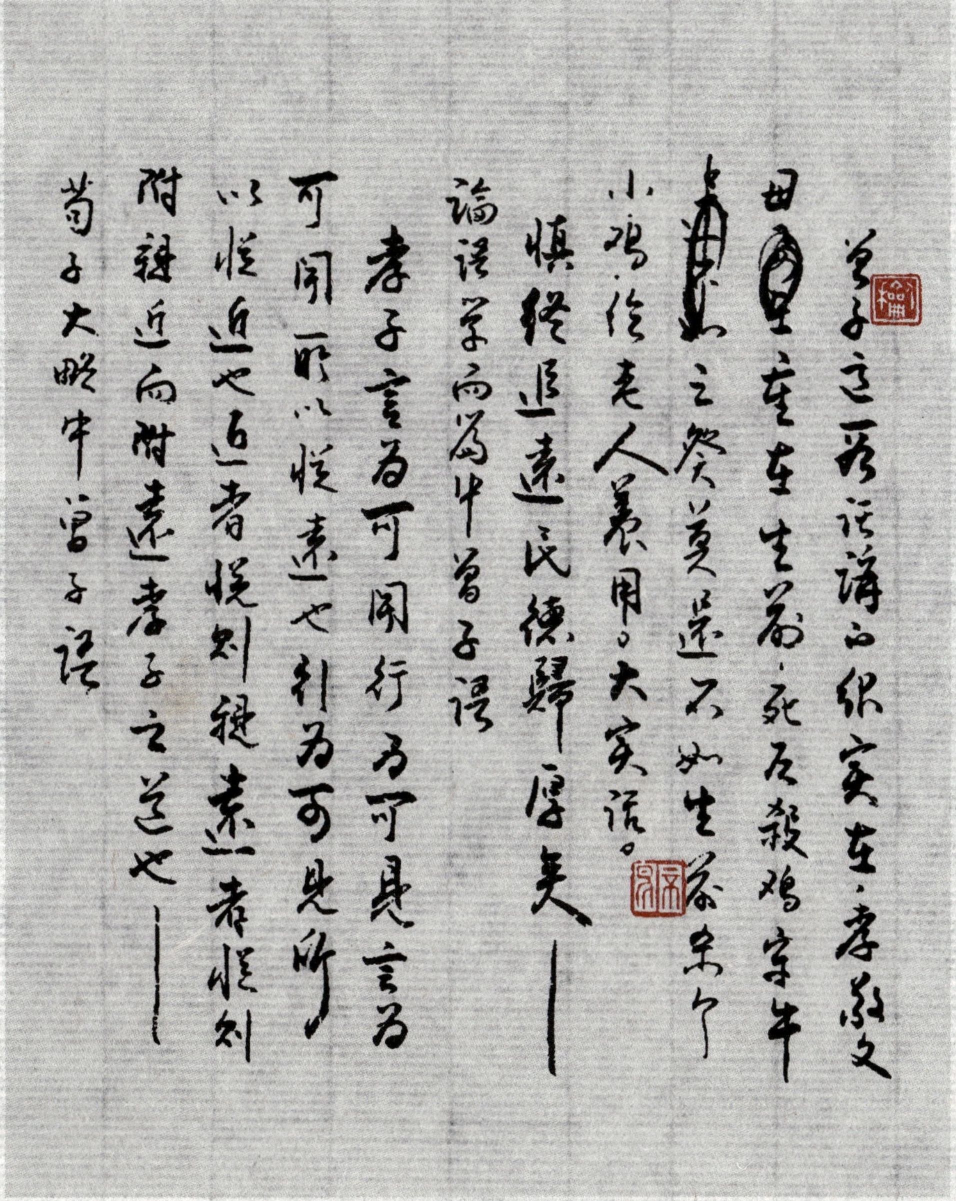
慎終追遠，民德歸厚矣——
論語學而篇中曾子語
孝子言為可聞，行為可見。言為
可聞，所以悅遠也；行為可見，所
以悅近也。近者悅則親，遠者悅則
附。親近而附遠，孝子之道也——
荀子大略中曾子語

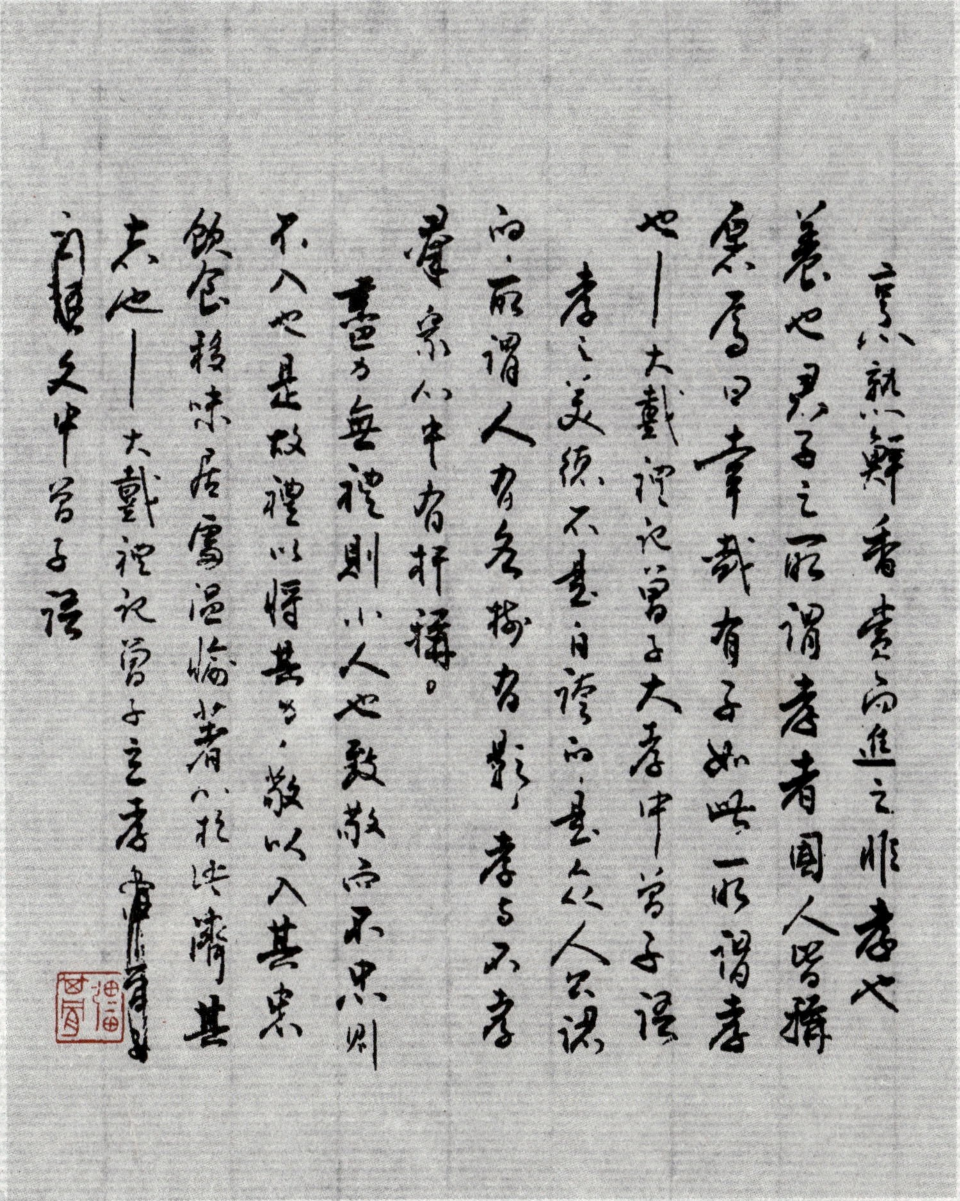
烹熟鮮香，嘗而進之，非孝也，
養也。君子之所謂孝者，國人皆稱
願焉，曰：幸哉有子如此，所謂孝
也——大戴禮記曾子大孝中曾子語
君子無禮則小人也，敦敬而不忠則
不入也。是故禮以將其力，敬以入其忠，
飲食移味，居處溫愉，著心於此，濟其
志也——大戴禮記曾子立孝

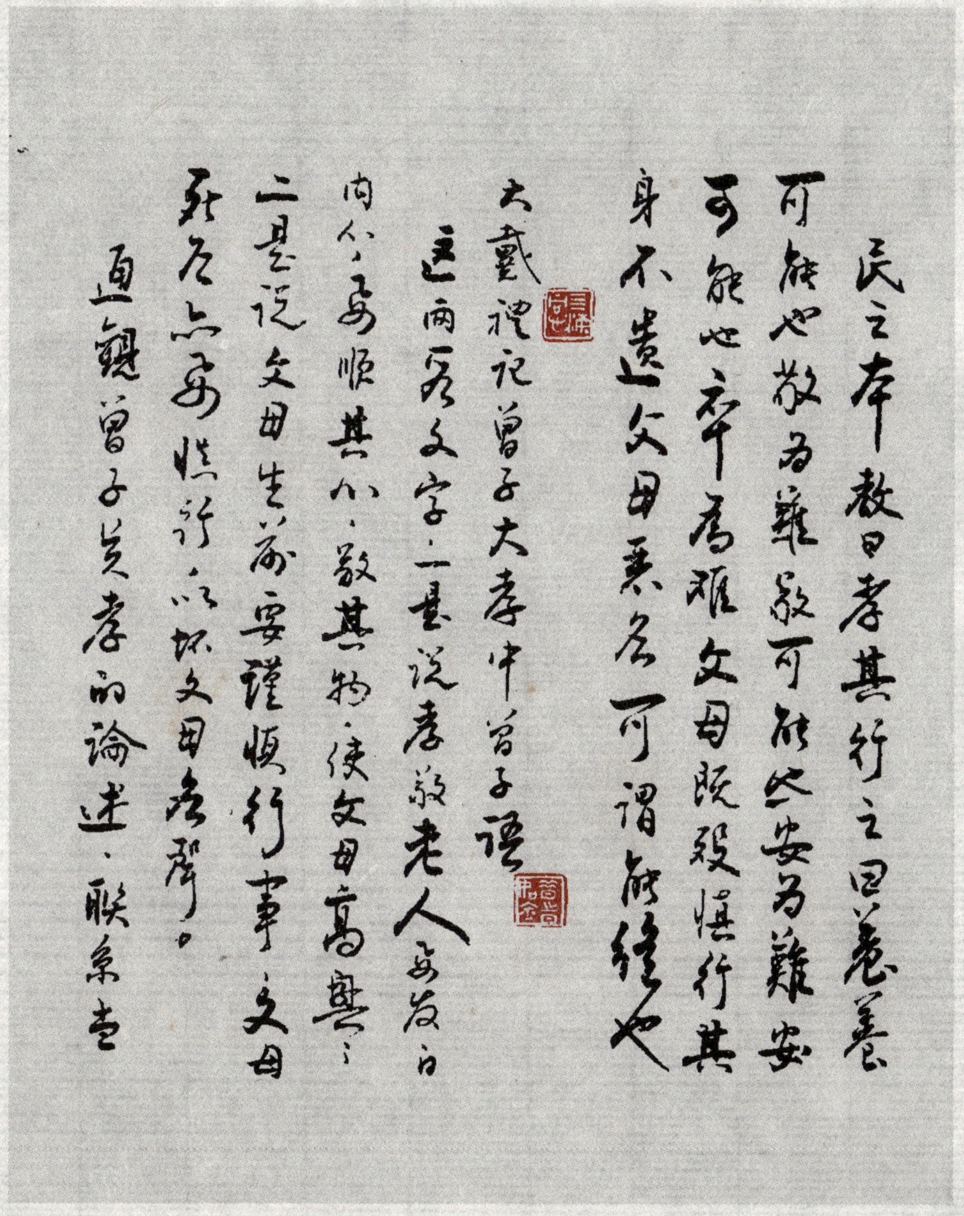
民之本教曰孝，其行之曰養。養可能也，敬為難；敬可能也，安為難；安可能也，卒為難。父母既沒，慎行其身，不遺父母惡名，可謂能終也。
大戴禮記曾子大孝中曾子語

這兩段文字，一是說孝敬老人，要做到内心孝順其外，敬其物，使父母高興；二是說父母生前要謹慎順行事文母，死后也要慎行，以不以文母惡聲。

直觀曾子言孝的論述，聯系當今……

前題實言出，不孝敬父母是老爹……許多問題，造成家庭一些家庭……庭往往支出收入不平衡發生了變化，二是家庭成員組成結構發生變化，大戶聖成為小戶，三是人的觀念優化，顯受釋金主義的影响，芝顆硬化……由出現偏頗，如行做人成了問题。曾子孝若○題直示人們一系樹立正確的孝芝礎，孝要做人品根本，為鵝當然還……哺又何況人平做事先做人，做人是……主孝，孝是一三○人德的基石，誠……

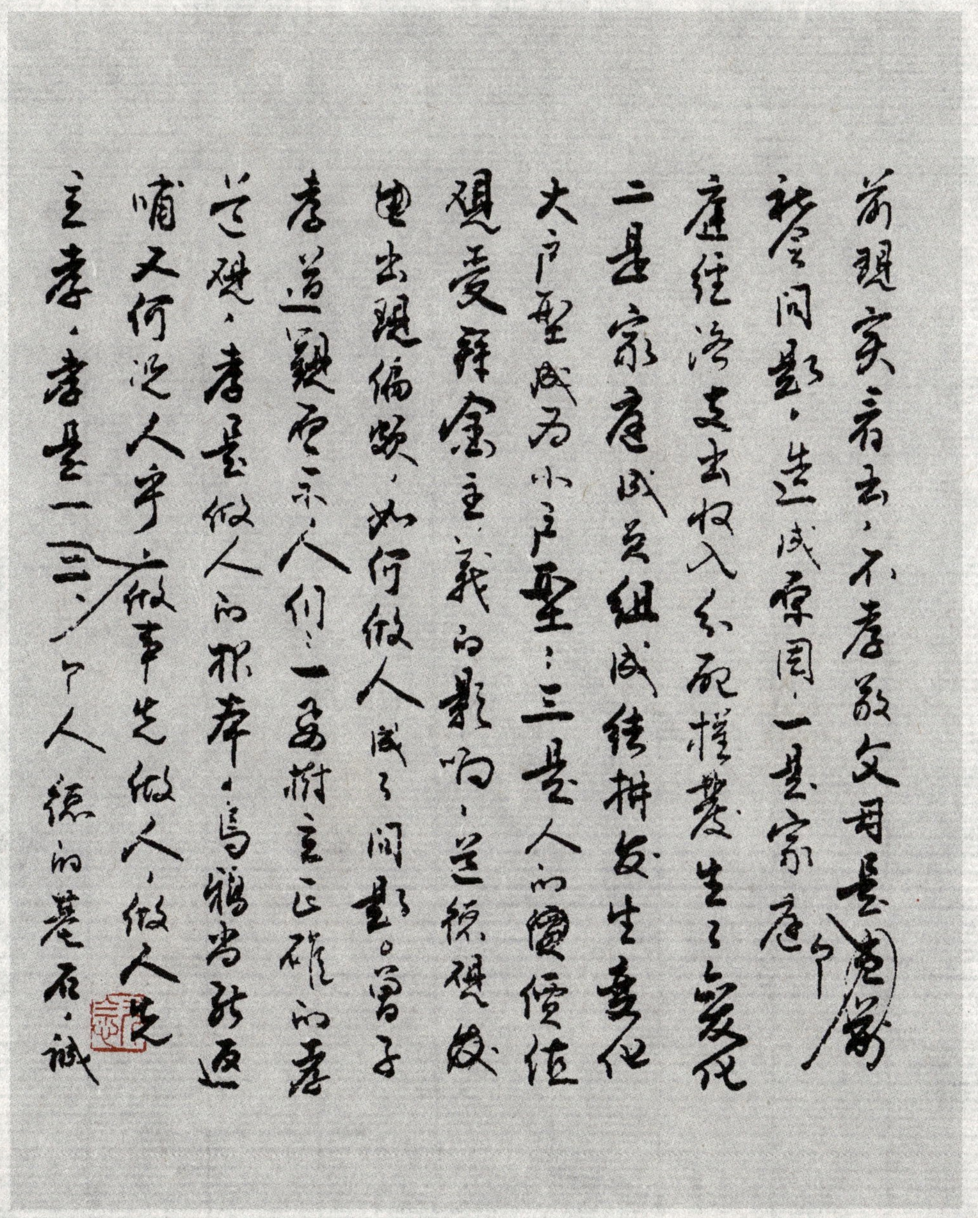

信的基石。一个不孝的人是不能为官的。

三、树立正确的孝道观，家庭、社会、事业兴旺。要而不会把根丢去，和谐。先修人，修人先修心，修心孝字当头根，通过孝道呼唤人的良智，使做人会运用孔子之道解决做人问题，好人多了、孝子多了，社会问题就会迎刃得到解决。修心、做人是解决社会问题的根本之策。

以上可以为第一个问题

第二 理财篇

财聚则民散，财散则民聚。——礼记

大学中曾子语

两句话十个字，道出了一个国家的用财之道，是一个国家的财产分配的根本原则。有趣的是二千五百年后的今天，广东一位企业家却说了类似曾子的话，其意是令人赞赏。他说钱聚人散，钱散人聚。他把这类的话作为他企业内部分配物、钱的原则。曾子的这十个字不仅是一个国家的分配原则

也是管理國家的法律原則。它所关
係到人们的智慧，关係到一个政權、一个企
业的兴衰存亡、人的心力、团结和谐，甚至政治
及安危。所以这十个字是控制全局為政
力的原則和试金石。雖然这十个字是
两千五百年前古人講的，但今天仍
不失其意义，而且更是人类具有理
論的思想、真理，是管理者今天的。

德者本也，財者末也，外本內末，爭
民施奪。——禮記大學曾子語

这几句話是講法治與德治的关係，
管理國家總政是一个政權的重要任務。

对待財富，一、不能代理法治，二、不能與民
爭利。財富也是一个政權穩定的基
礎，經濟神角度講，財富也是法治，
但在權衡國家利益與人民利益轉
政权
导者時不能只顧一头，而要二者兼顾，要
之得當，這樣才能穩定，穩定是一个國
家的根本利益，也是最大的法治。

仁者以財發身，不仁者以身發財
——禮記大學中曾子語

君子直言直行，不宛言而取富，
不屈行而取位——大戴禮記曾子

劉言中

言悖而出者亦悖而入，貨悖而入者亦悖而出——禮記大學曾子語

一个人如何獲得財產涉及到一个人的道德品行。君子取財有道，不能以犧牲自己的品德去獲財，不能用花言巧語去換取財富，不能用違背道義的手段去奪得財富。這些話至今乃是至理明言。一些人在財產問題上走向犯罪道路，不正是在人品道德理念上出了問題嗎。义和利而取舍乃道是人們應遵守的一条法則，人亦遠不能取不義之財。

第三 正氣篇

士不可以不弘毅，任重而道遠。仁以為己任，不亦重乎？死而後已，不亦遠遠——論語泰伯中曾子語

富以苟不如貧以譽，生以辱不如死而榮。辱可避，避之而已矣；及其不~~以~~可避也，君子視死如歸

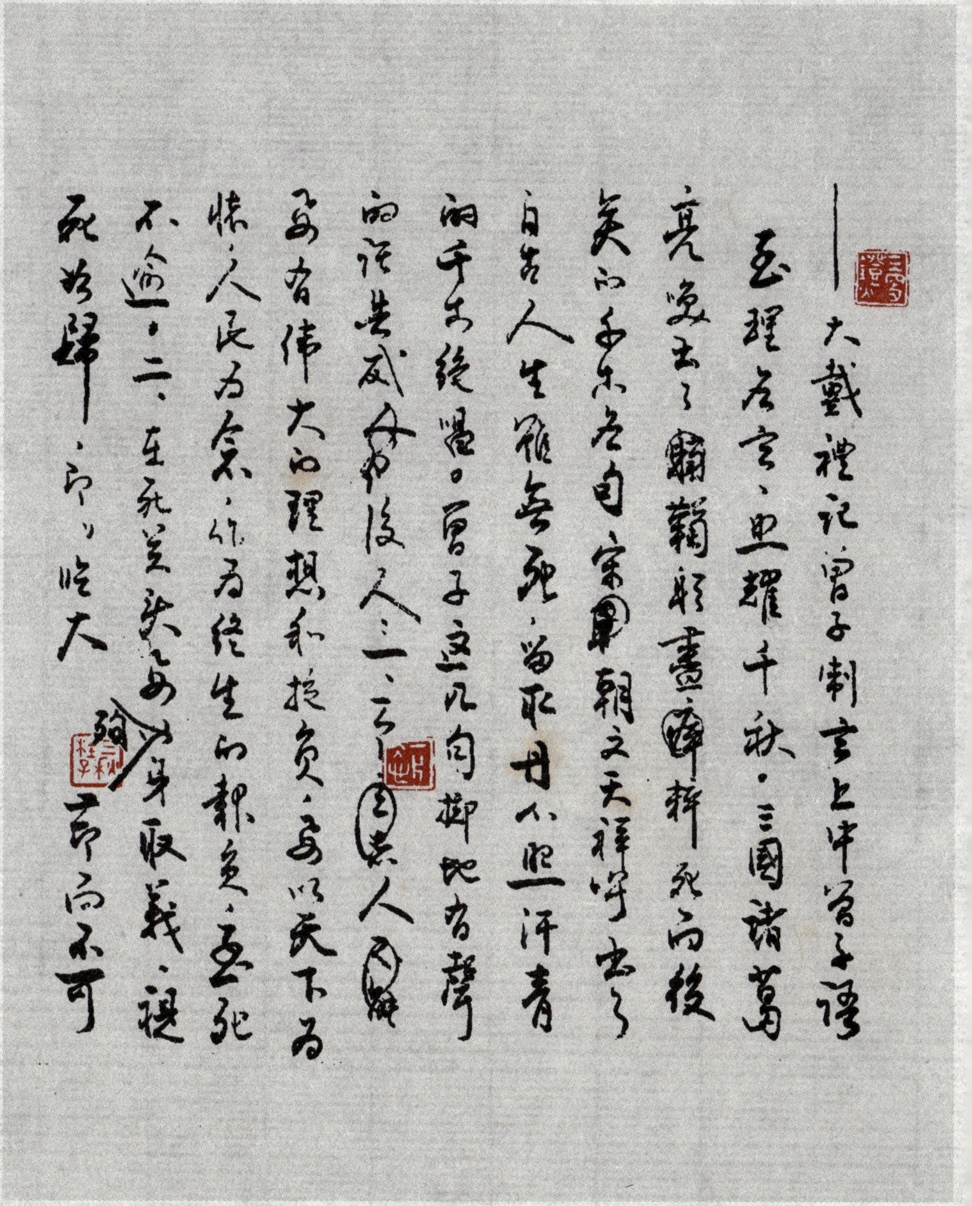

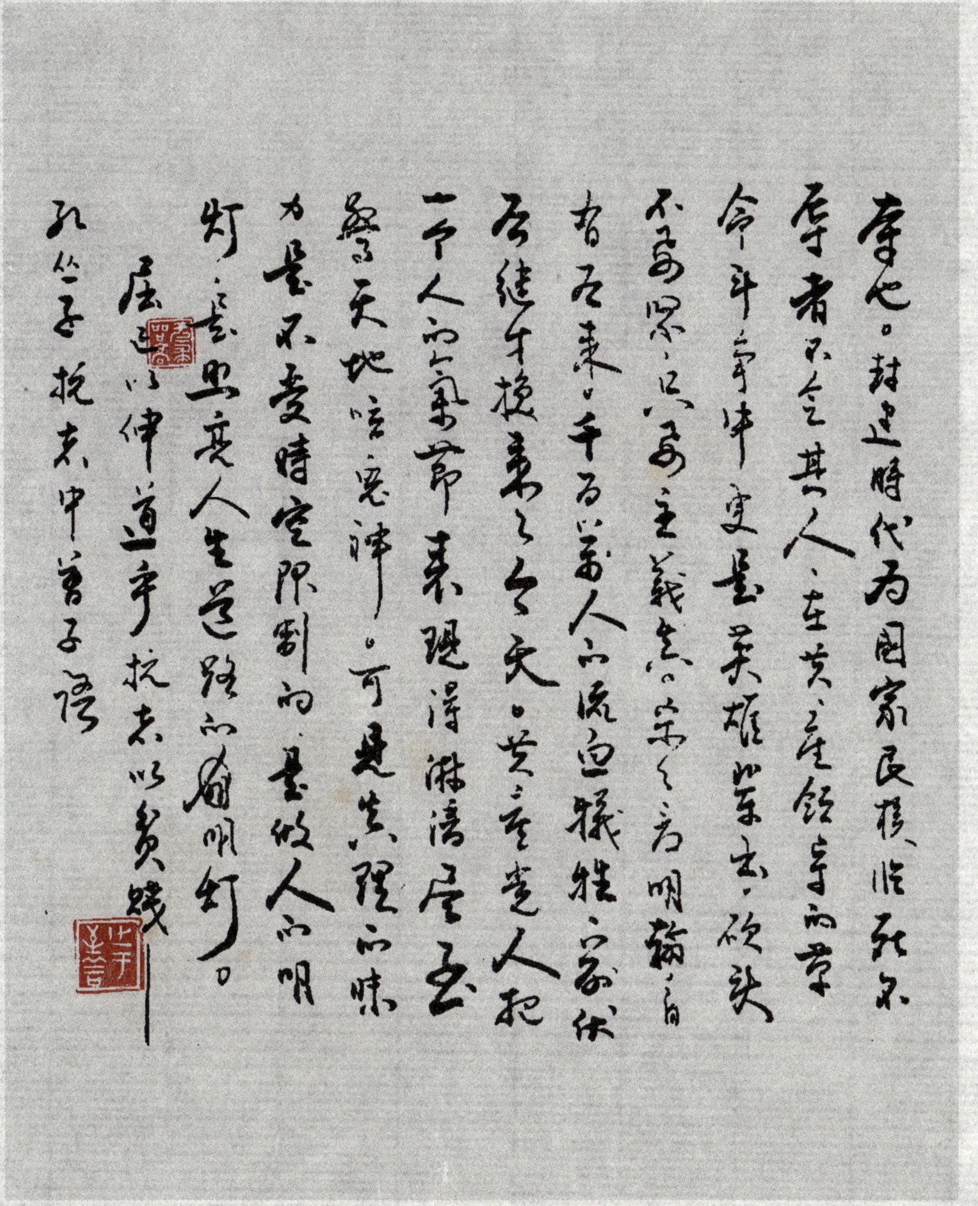

居正以伸道，道而其產生之人而領袖人物到也等，主要論其產生之是的修養中請到了要居求全而該，可是其今都說明任何事物都要曲折經雜的，有時要曲中求直，雜中求真。古人言以事曲，曰身素伸循得道以義，其產生之人也要要居求真理，前來要居求真是子者真理。

君子不從貴而取寵，不比譽而取食，直行而取禮，比說而取友——大戴禮記曾子制言

君子直言直行，不宛言而取富，不屈行而取位——大戴禮記曾子制言中

君子不諂富貴以為己說，不乘貧賤以居己尊——大戴禮記曾子制言下

吾嘗聞大勇於夫子矣：自反而不縮，雖褐寬博，吾不惴焉；自反而縮，雖千萬人，吾往矣——孟子公孫丑上

臨懼之而觀其不惛也，喜之而觀其不誣也，近諸色而觀其不踰也，飲食之而觀其有常也，利之而觀其能讓也，居哀而觀其貞也，居約而觀其不

營也勤勞而觀其不懼人也——大戴禮記曾子立事

君子思慮智者見殺固不難詘身而為不仁宛言而為不智則君子弗為也——大戴禮記曾子制言中

宇里行間，里析財出，大丈夫立於天地之間，身懷把萬物的胸襟，言行上要頂天立地，頂天立地地做人，老老實實做人，絕不做雞鳴狗盜之事，絕不行俾躬屈膝之為，要做一個正人君子，按毛主席所說，做一個有高尚情懷的人，做一個堂堂正正的人

第四 修齊治平

物格而後知至，知至而後意誠，意誠而後心正，心正而後身修，身修而後家齊，家齊而後國治，國治而後天下平——禮記大學中曾子語

修齊治平究竟幾千年來成了志士仁人人生座右，講在口上，記在心中，落在行上，可是這句話

道出了人成才的路线和先后程序：其一，
修齐治平四个字实是四个环节，四个
阶段，环环相扣，相互依存，缺一不可，是
一个科学整体，也是人才成长的过程。
其二，四个链条中，修身是基础，
至今仍有做事先做人，做事先做人之
说，可见基础的重要，一直为人所推
崇，一直为人所遵行。常言道楼
一样，基础打的越牢，楼建的越坚固，越
纵高。人也是，做人的基石打的越固
才能做高官，做好官，做好事，才是人

民至安。时代需要的好官。其三，好人不
是自然而然形成的，是教育的结果，是修
身的结果。不断修正自己的缺点，要
使自己成为一个有抱负，有理想，有高
尚情操，有良好修养的人（有知识）。
由此想到了刘少奇论共产人的修养一
书，文革中被批为黑修养，是封资修
思想。这个批判是错误的。但是应当
人要不要修养呢，肯定是要的，但是
方面的文章是不多的，分量也是不

约而言其思、修、德是一生的、关键又在
青少年时期。这时期的教育作用於人
的一生。实际应从开始、从家庭
开始、父母是第一任老师。其
国家须制教育应列入教学计划、而且
要求须寓於文化教育之中、融为一体
融四书解读课而事例讲到古文化教
育之中、直至成为人的记忆中。
自天子以至庶人、壹是皆以修身
为本。其本乱而末治者否矣——
礼记大学中曾子语

修身不只是个人的私事、而是全国
人民的事、是全民性的、用古代的话说
即提高全社会全民族的精神文
明素质。曾子这句话今天不过时。
社会只是要发展而且要引为、不分前后的引
为、不正说明、提高全民族的精神文
明素质是何等重要呀。
所谓齐其家在修其身者、人之所
亲爱而辟焉、之其所贱恶而辟
焉、之其所畏敬而辟焉、之其所哀
矜而辟焉、之其所敖惰而辟焉

釋文

歷代帝王評曾子

唐玄宗開元二十七年（七三九年）贈曾參郕伯詔（節選）（十七頁）

夫子十哲之外，曾參等六十七人同升孔門，博習儒術，子之四教，爾實行之。親授教言，式揚大義，是稱達者，不其盛歟？

宋度宗咸淳三年（一二六七年）升曾子、子思配享孔子詔（十七頁）

惟孔子獨稱顔回好學，固非三千之徒所同也，而其學不傳；得聖傳者曾子，曾子傳子思，子思傳孟軻。忠恕兩語，深契一貫之旨；《中庸》一書，不闡前世之蘊，而孔子之道益著。向非顔、曾、思、孟相繼衍繹，著書垂訓，中更管、商、揚、墨、佛、老，幾何其不遂泯哉！今大成惟顔、孟侑食，曾、思不與，尚爲缺典。先皇帝迹道統之傳，自伏羲以來，著十三贊，孔子而下，顔、曾、思、孟，昭然具在，非以遺我後人乎？可令禮官、學官議可，升曾、思配享。

元文宗至順三年（一三三二年）加封曾子郕國宗聖公制（十九頁）

朕維孔子之道，曾氏獨得其宗，蓋本于誠身而已也。觀其始于三省之功，卒聞一貫之妙，是以友于顔淵而無愧，授之思、孟而不湮者與？朕仰慕休風，景行先哲。爰因舊爵，崇以新稱。於戲！聖神繼天立極以來，道統之傳遠矣；國家化民成俗之效，《大學》之書具焉。其相予之修齊，兹式彰于褒顯。可加封郕國宗聖公。

歷代名人贊曾子

明世宗嘉靖九年（一五三〇年）改封郕國宗聖公為宗聖曾子制（二十一頁）

朕少讀子書，長行其道，無非仰往古以佐治也。自昔以來，達而在上，三代傳列聖洪模；捨之則藏，六經仰前賢雅範。溯淵源于泗水，綿道脉于武城。《大學》篇章，載百世治平之要；《孝經》問答，具萬民感化之機。省身嚴于日三，慎其獨也；傳道捷于唯一，妙乃貫之。故超賜非也而有餘，即并顔庶乎而無愧。精英自乾坤鐘（鍾）毓，赫然爲含靈秉曜之宗；神爽與日月光（同）輝，焯矣稱神明普照之聖。兹尊爲宗聖曾子，欽承榮封，以昭師表。

宋高宗御制《曾參像贊》（紹興十四年，一一四四年）（二十三頁）

夫孝要道，用訓群生；以綱百行，以通神明。因子侍師，答問成經。事親之實，代爲儀型。

宋理宗題《道統曾參贊》（紹定三年，一二三〇年）（二十三頁）

守約博施，反躬三省。孝爲德先，禄仕不忍。聖德正傳，意會神領。一唯忠恕，門人深省。

元成宗大德十年（一三〇六年）頒降《初獻郕國樂章》（二十三頁）

心傳忠恕，一以貫之。爰述《大學》，萬世訓彝。惠我光明，尊聞行知。繼聖迪後，是享是宜。

明成祖御制《宗聖養志詩》二首（二十三頁）

養親惟在悦親心，親悦心安孝足欽。自古幾多爲孝者，當時誰復似曾參。

三釜娱親志自怡，千鐘不及便心悲。敬心爲大全歸日，履薄臨深謹自持。

清聖祖康熙二十八年（一六八九年）御制《宗聖曾子贊》（二十四頁）

洙泗之傳，魯以得之；一貫曰唯，聖學在兹。明德新民，止善爲期。格至誠正，均平以推。至德要道，百行所基。纂承統緒，修明訓辭。

清高宗乾隆十三年（一七四八年）御制《宗聖曾子贊》 （二十四頁）

宣聖轍環，在陳興嘆。孰是中行，授茲一貫。曾子孜孜，惟聖依歸。唯而不疑，以魯得之。會友輔仁，任重道遠。十傳釋經，超商軼堰。念彼先子，沂水春風。淵源益粹，篤實春容。臨深履薄，得正以終。三千雖多，獨得其宗。

歷史名人贊曾子

孔子對曾子的贊揚 （二十六頁）

孝，德之始也；弟，德之序也；信，德之厚也；忠，德之正也。參也中夫四德者矣哉！

司馬遷談曾子 （二十七頁）

曾參，南武城人，字子輿。少孔子四十六歲。孔子以爲能通孝道，故授之業。作《孝經》。

孟子對曾子的贊揚 （二十八頁）

若曾子，則可謂養志也。事親若曾子，可也。

荀子對曾子的贊揚 （二十九頁）

天非私曾騫孝己而外衆人也，然而曾騫孝己獨厚于孝之實，而全于孝之名者，何也？以綦于禮義故也。

歷代名人贊曾子

子夏對曾子的贊揚 （三十頁）

滿而不滿，實如虛，通之如不及，先生難之，不學其貌，竟其德，敦其言，于人也無所不信，其橋大人也常以皓皓，是以眉壽，是曾參之行也。

西漢劉向對曾子的贊揚 （三十頁）

君正則百姓治，父母正則子孫孝慈。是以孔子家兒不知罵，曾子家兒不知路。所以然者，生而善教也。

東漢延篤對曾子的稱贊 （三十頁）

夫曾、閔以孝弟爲至德，管仲以九合爲仁功。未有論德不先回、參，考功不大夷吾。

三國魏徐幹对曾子的稱贊 （三十一頁）

人之行莫大于孝，曾參之孝，有虞不能易。

唐太子李宏對曾子的贊揚 （三十一頁）

想仁孝于顔、曾，殊深景慕。

唐蘇頲奉玄宗敕撰《曾子贊》 （三十一頁）

百行之極，三才以教。聖人叙經，曾子知孝。全謂手足，動稱容貌。事君事親，是則是效。

北宋時廷臣奉太祖敕撰《曾參贊》 （三十一頁）

聖人之道，一以貫之。允也子魯，堂奥斯窺。惟帝登岱，克陳上儀。追封侯社，沂水之湄。

歷代名人贊曾子

北宋張齊賢奉真宗敕撰《曾參贊》（三十二頁）

孝乎惟孝，曾子稱焉。唐虞比德，洙泗推賢。服膺受旨，終身拳拳。封巒飭贈，永耀青編。

清熊賜履對曾子的贊揚（三十二頁）

聖人之道，無以加于仁，聖人之德，無以加于孝，而曾子以一身實踐之。

唐韓愈説儒學真傳（三十三頁）

孔子之道大而能博，門弟子不能遍觀而盡識也，故學焉而皆得其性之所近。其後離散分處諸侯之國，又各以其所能授弟子，源遠而末分。惟孟軻師子思，而子思之學蓋出曾子。自孔子没，群弟子莫不有書，獨孟子傳得其宗。

宋朱熹《題三省》二首（三十七頁）

曾子尚憂三省失，自言日致省身功。如何後學不深察，便欲傳心一唯中。

用功事上實根源，三省真傳入道門。理即是心隨事顯，事能盡理始心純。

明陳龍正奉命撰《宗聖頌》（四十一頁）

卓爾已亡，魯者穎絶，一呼一唯，如響偕徹。惟子最少，于道孤傳。坤以立誠，乃達乎乾元。

志學逾幾，篤行非久。乃質乃志，敦艮自守。授之一貫，先定厥宗。繇兹積累，乃靡雜靡窮。

聞道居前，累仁居後。譬彼靈雨，時無定溝。或化其苗，或化其秀。一底于成，承化工之茂。

上承大道，克毅克宏。亦風亦泳，出于淵冰。立教罔疏，曰開思孟之朋。何率非慎，何覺非凝。

好學永嘆，蓋未得子；及既得子，如或後矣。因言識默，聖學存矣。謂如果亡，良知孰起。

明陳鳳梧《聖賢道統贊·曾子贊》（四十三頁）

守約而博，學恕以忠。聖門之傳，獨得其宗。一貫之旨，三省之功。格致誠正，萬世所崇。

現代名人贊曾子

劉少奇主席談曾子（四十四頁）

在中國古時，曾子説過『吾日三省吾身』，這是説自我反省的問題。《詩經》上有這樣著名的詩句：『如切如磋，如琢如磨』，這是説朋友之間要互相幫助，互相批評。這一切都是説明，一個人要求得進步，就必須下苦功夫，鄭重其事地去進行自我修養。

周恩來總理對曾子的贊揚（四十五頁）

中國古代的曾子尚且『吾日三省吾身』，常常想想自己，何况我們。我們應該丢開這個面子，嚴格要求自己。

曾子曰：『吾日三省吾身：爲人謀而不忠乎？與朋友交而不信乎？傳不習乎？』這是講個人修養的最好規範。

圖書在版編目(CIP)數據

曾子名言·歷代名人贊曾子 / 高昌禮書. —揚州:廣陵書社,2007.8
ISBN 978-7-80694-187-4

Ⅰ. 曾… Ⅱ. 高… Ⅲ. 漢字—書法—作品集—中國—現代 Ⅳ.J292.28

中國版本圖書館 CIP 數據核字(2007)第 132945 號

ISBN 978-780694-187-4

9 787806 941874 >

曾子名言·歷代名人贊曾子

編　　著　高昌禮
責任編輯　曾學文
出版發行　廣陵書社
社　址　揚州市文昌西路雙博館附二樓
郵　編　二二五〇一二
電　話　(〇五一四)八五二二八〇八八　八五二二八〇八九
印　　刷　揚州文津閣古籍印務公司
地　址　揚州市開發區施橋中學校區
電　話　(〇五一四)八七九六九二五五
版　　次　二〇〇七年八月第一版第一次印刷
標準書號　ISBN 978-7-80694-187-4/B·20
定　　價　叁佰捌拾圓整(全叁册)